縄文文明と中国文明

関 裕二

PHP文庫

○本表紙図柄＝ロゼッタ・ストーン（大英博物館蔵）
○本表紙デザイン＋紋章＝上田晃郷

はじめに

アメリカの第三七代リチャード・ニクソン大統領は、昭和四十七年（一九七二）二月、中華人民共和国を電撃訪問し、国交正常化を実現してみせた。ソ連（当時）と北ベトナム（アメリカはベトナム戦争の真っ最中だった）を牽制《けんせい》し、外交を有利に進める目的があったとされている。

そしてここから、次第に中華人民共和国は発展を始めた。だからだろう、ニクソンは晩年、

「中華人民共和国の創造主はアメリカだ」

と述べている。ただし、中華人民共和国は、いつしかアメリカのもっとも恐れる国に変貌《へんぼう》していったため、ニクソンは、苦々しく思っていたようだ。

「われわれはフランケンシュタインを造ってしまった」

と、スピーチライターにもらしていたという。だが、もう手遅れである。

中華民国（台湾）を捨てて、共産主義国家と手を組んだことからして、大きな間違いだったし、そもそも中国文明を、舐《な》めてはいけなかったのだ。

世界の文明を見渡してみて、もっとも古く、もっとも長く続いたのが、中国文明（中華文明）だった。ヨーロッパの発展と覇権は、産業革命以降の話で、中国の「厚みのある文明の歴史」には到底《とうてい》かなわないし、漢《かん》民族の「物に対する執《しゅう》着《ちゃく》」「貪欲《どんよく》さ」を、侮《あなど》ることはできない。恐ろしいほどの執念を見せる。

「文明」の中心が「物質の豊かさと、技巧（技術）の高さ」だとするならば、漢民族の作り上げた社会こそ、「文明的」といわざるを得ない。合理的で、冷徹に、実利を追求する。そこに、「ポエム」や「慈悲」はない。他民族から容赦《ようしゃ》なく物（財）を求め、富を蓄えるイメージがある。長い間惰眠《だみん》を貪《むさぼ》っていた中国文明を覚醒させてしまったニクソンの罪は重い。

困ったことに、多くの日本人は中国文明の恐ろしさに無頓着《むとんちゃく》だ。

日本列島は、四方を海に囲まれ、大々的な侵略を受けることはなかった。しかし、航空機と船舶、内燃機関の発達によって、「海という防波堤」は、意味を失った。日本列島は、地政学的に、「世界中の大国が手に入れたい土地」「必要不可欠な場所」になり、しかも武力を用いれば、奪うことが可能になった。どの国も欲しくてたまらない魅力を備えている土地が日本列島なのだ。

事実、対米戦争に負けた日本は、アメリカの最前線基地の役割を担うようになった。このの ち、日本列島をめぐって、核兵器を所持する大国が、争奪戦を演じる場面が目に浮かぶようだ。しかも、最大の脅威は、中国である。

漢民族の女性の遺伝子は多様性に富んでいるが、男性の遺伝子は非常に単純で、それはなぜかと言えば、漢民族の男性は戦って破った敵の男性を皆殺しにしてしまったからだろう。孔子《こうし》が理想的と絶賛した周《しゅう》の時代の王も、敵は残らず殺し尽くせと命じている。

われわれは、漢民族と中国文明の本質を、理解しておく必要がある。ガラパゴスのように天敵のいなかった日本列島人は、「殺さなければ殺される歴史」を繰り返してきた諸外国の「常識」が、理解できないでいる。だからこそ、中国文明の本質と、日本人の発想の差を、知っておく必要がある。そして、日本人とは何者なのか、縄文時代にさかのぼって正体を知るべきなのだ。

日本列島は文明の吹きだまりだから、中国から多くの知識や技術が流れ着いた。当然、古代日本の文物《ぶんぶつ》のほとんどは中国や朝鮮半島に由来すると信じられてきた。しかし近年、縄文文化が見直され、現代にまでつながる「三つ子の魂」が縄文一万年の時代に形成されていた可能性が指摘されるようになってきた。海の外から新たな文物が流入しても、縄文的な発想で取捨選択し、列島人にとって必要な物だけを選んでいたこと、さらに、工夫を加え、日本の風土に合わせて改良していった様子が見てとれる。

そして、無視できないのは、縄文人の残した美意識や知識、技術が今日《こんにち》まで継承され、また、長い歴史の中で何度も文化の揺り戻しが起きていたという事実である。

なぜ日本人は、ことあるたびに昔に戻ろうとしたのだろう。ここに、日本人を知るためのヒントが隠されている。

かつて、縄文時代と言えば、野蛮で未開な時代と信じられてきた。しかし、縄文時代から継承されてきた多神教的発想が、日本人を守ってきたのだし、日本人はいまだに自覚のない多神教信者だ。そして、極東の島国に多神教徒が生き残り、先進国の中で唯一、多神教的発想と信仰を捨てなかったことは、世界史という視点から見つめても、まさに奇跡的な出来事なのだ。

一神教が砂漠で生まれたのは、豊穣《ほうじょう》の大地を追われた者たちが、復讐《ふくしゅう》の正当性を得るためだった。狂気ともいえる一神教の論理が、今の世界を覆っている。中国の「共産主義」も、一神教のなれの果てだ。だからこそ、日本人は無意識に、「縄文的で多神教的な発想の重要性」を認識しているのだろう。だからこの「まっとうな発想」を世界に向けて発信しなければならない。そのためにもまず、中国文明と縄文文明の差と、それぞれの正体を見極めておく必要がある。

日本人は、ガラパゴス諸島の稀少動物のように、外敵がいなかったから、無防備で人の言うことを簡単に信じてしまう。殺さなければ殺されるという大陸世界に生きてきた漢民族とは、正反対なのだ。だから、「平和憲法を守っていれば、誰も攻めてこない」などと、呑気《のんき》なことを言っている。お人好しの日本人は、「世界中の人びとが、島国の人間と同じように生きている」と勘違いしているし、大陸の発想を理解できないでいる。生き馬の目を抜くような社会に住んできた漢民族の行動から、目を離してはいけない。

そして、もし近々世界の終わりがやってくるとすれば、アメリカと中華人民共和国の戦争がきっかけになるのではないかと危惧《きぐ》している。それは、一神教同士の争いであり、「お互いの正義（独善）」が衝突することである。だからこそ、多神教世界の住民である日本人が、知恵を絞っていくほかはないと思うのである。大袈裟《おおげさ》ではなく、本当にそう思うのだ。だからこそ、今、中国文明と縄文文明について、考えておきたいのである。

縄文文明と中国文明

目次

第一章　中国文明の幕開け

第二章　縄文人の正体

第三章

森を失った中国文明・森を守り海を走る縄文文明

第四章

一神教と縄文文明

第一章

中国文明の幕開け

■中国文明は人を幸せにするのか

日本各地でインフラ整備が進むにつれ、考古学の発掘の数も増え、先史時代や古代史にまつわる常識は、次々に覆《くつがえ》されてきた。日本にはなかったとされる旧石器時代の様子も分かってきたし、縄文人に対する見方も大きく変わった。野蛮な生活を送っていたと思われてきた彼らが、実際には高度な技術を確立していたこと、今日に続く日本人の根幹の文化を形成していたことも分かってきた。

とは言っても、「所詮《しょせん》中国文明には太刀《たち》打《う》ちできなかった」という考えが、一般的であろう。

もちろん、その通りだと思う。中国は、世界のトップを走り続けてきた稀《まれ》に見る文明国だった。近代に至り、ヨーロッパが急速に発展すると、一度陰りを見せたが、それでもここ三十年の間に、一気に実力をつけ、「世界史を代表する文明の国」は、復活したように見える。

しかし、ここで、いくつもの疑問が浮かんでくるのだ。

「いったい、文明は、人類を幸せにするものなのだろうか」

「進歩し続けることが、正しいのか」

ということなのだ。

青臭い書生論を展開するつもりはない。独裁的に自国民を監視し、世界に脅威を振りまく中華人民共和国の姿勢に、異議を唱えたいのである。

日本のマスメディアは「権力に対する監視と抵抗こそが使命」と息巻き、自国の保守政権に刃向かう。しかし、政権を非難しても、弾圧されることはない。今もっとも危険なのは、「文明国・中華人民共和国」を批判することだ。中華人民共和国に対して批判的な日本人が、実際に中華人民共和国に入国後、拘束《こうそく》されたり、嫌がらせを受けるという話は、近年あちこちで起きている（小生のような人間のまわりにも、ちらほらと）。嘘かまことか、アメリカの映画界、芸能界にも、中華人民共和国の強い影響力が及んでいて、中華人民共和国に対する批判は、はばかられているというではないか。筆者自身、この拙文《せつぶん》を書くことも、覚悟が必要になってしまったのだ。今もっとも警戒すべき「権力」は、中華人民共和国なのだ。マスメディアに、その自覚はあるだろうか。中華人民共和国の「覇権国家への野望」を、マスメディアはどこまで世に知らせているというのだろう。

下らない国会論戦をマスメディアが後押しし、無駄な時間を浪費しているが、日本が晒《さら》されている危機的状況を考えれば、深く憂慮せずにはいられない。野党もマスメディアも、「国民に危機的状況を悟られないための運動を展開」しているのではないかとさえ思えてくる。それを、中華人民共和国が意図的に裏から操っているかどうかは、はっきりとは分からないが、少なくとも、リベラルを自称している人たちや「政権に反抗してみせるマスコミ」は、「本当に恐ろしい中華人民共和国」を喜ばせているだけなのだ。

「共産主義」は、科学や哲学と同様に、人類の進歩と共に生まれた思想が原点にある。神に成り代わって人類が編み出した「進歩的で理想的なシステム」が共産主義であり、平等思想の極致と礼讃《らいさん》する人も多かった。ところが、多くの共産主義国家が疲弊《ひへい》し、システムは崩壊した。その中にあって、繁栄を誇り、世界の覇権を掌握しようとするまでに成長したのが、「文明の国であり続けた中国」だった。しかし唯一成功した共産国であるかのように見える中華人民共和国が、人類に多大な不幸をもたらそうとしている。

■孔子が理想視した古代中国王朝

中国文明は人を幸せにしてきたのだろうか。そこで、中国の古代の姿を、概観してみよう。特に注目したいのは、中国の歴史の出発点、夏《か》王朝、殷《いん》王朝、周《しゅう》王朝（西周《せいしゅう》、春秋《しゅんじゅう》時代、戦国時代）の歴史だ。孔子（紀元前五五一～前四七九）は中国の理想的な姿を、この時代に求めた。それはいったいなぜなのか。孔子の考えは本当に正しかったのか。考古学が進展し、明確な歴史が描ける今だからこそ、確かめてみたいのである。

考古学の進展によって、中国の歴史は、夏、殷、周に始まっていたことが分かってきた。そして、統治体制も比較的ゆるやかで、自然神や祖先神を尊重し、祀《まつ》った。動物や人間の生け贄《にえ》は繰り返し捧げられたが、穏やかな信仰形態を維持していたことも明らかになっている。しかし王たちは、決して聖人ではなかった。しかも、この時代に青銅器《せいどうき》文化が頂点を迎える。中国で、金属器が求められるようになったのだ。じつは、ここから先、中国は戦乱と混乱の時代を迎える。筆者はその原因を作った時代こそ、夏、殷、周なのではないかと睨《にら》んでいる。だから、中国王朝の黎明期《れいめいき》の本当の姿を、明らかにしておきたいのである。

また誤解されては困るのだが、この時代の中国歴代王朝の領域は、「中原《ちゅうげん》の一部＋周辺」か「中原のあたり」にすぎない（中原とは、中国文明発祥の地。現在の河南省《かなんしょう》一帯の平原だが、のちに漢民族が勢力圏を広げ、黄河《こうが》中下流域をさすようになった）。

そして、夏、殷、周を経て、秦《しん》が統一国家を完成させるが、秦の始皇帝《しこうてい》の支配地域でさえ、現在のEU（欧州連合）の広さと同程度だという。のちの時代の隋《ずい》と唐《とう》、あるいは中華人民共和国と同等に扱ってはいけない、もっと狭い地域の王朝だった。

それはともかく、理想的と信じられていた古代中国王朝の歴史は、のちの時代の創作であった可能性が高い。

中国最初の正史『史記《しき》』の「夏本紀《かほんぎ》」の前段階に「五帝本紀《ごていほんぎ》」がある。黄帝《こうてい》、顓頊《せんぎょく》・帝嚳《ていこく》・堯《ぎょう》、舜《しゅん》の五人の王で、徳と技量で国を治めたとされ、王位は有徳の人物に譲るのが習わしだったという。最後の舜は、治水の功績を認めて、禹《う》に王位を禅譲《ぜんじょう》して夏王朝が生まれたそうだ。のちの時代に至っても、これらの王は、礼讃されていた。ただし、五経《ごきょう》のひとつ『尚書《しょうしょ》』（孔子が編纂《へんさん》したとされるが、怪しい）には、舜からあとの記録しかなく、五帝が実在したかどうか、じつに疑わしい。戦国時代以降に創成された「五行説《ごぎょうせつ》」（万物は火・水・木・金・土の五元素からなるという説）によって編み出された可能性も高い。

湯島聖堂の孔子像（東京都文京区）

『史記』の「夏本紀」と「殷本紀」でさえ、儒教経典にわずかに残る断片的な資料をもとにして組み立てたものだから、信頼できない。それにもかかわらず、政治の理想を「夏」「殷」「周」の時代に求めた儒家の祖・孔子の考えは、近代に至るまで継承されてきた。

漢代からあと、中国では儒学者たちが古い文献の記事を信じ、内容を学ぶ「訓詁学《くんこ》」が盛んになり、二十世紀の初めまで継承されていた。だから、古代中国を理想視する歴史観が守られていたのである。

しかし、一九一九年五月四日に「抗日、反帝国主義、反封建主義」の五《ご》・四《し》運動が勃発《ぼっぱつ》し、儒教や孔子の封建的な発想に異が唱えられ、近代的な歴史観が求められるようになり、西欧近代思想を採り入れ始め、歴史見直しの気運が高まった(ヨーロッパ的な近代化が正しかったかどうかは別問題として)。

そして一九二三年に、夏の禹の存在そのものを否定する「疑古派《ぎこは》」が出現して、波紋を広げた。当時、「夏」と「殷」の考古学的な物証は存在しなかったために、今度はふたつの王朝は神話と考えられるようになってしまったのである。

■古代王朝の発見に躍起になった中華人民共和国

その後、殷墟《いんきょ》(河南省安陽市《あんようし》)出土の甲骨文《こうこつぶん》(亀甲《きっこう》や獣骨《じゅうこつ》に刻まれた文字。占いにまつわる文章を刻んだ殷墟文字)の解読が「釈古派《しゃくこは》」の手で進められ、かつての常識は次々と覆されていった。甲骨文には、神を恐れ、祖先を敬い、祟《たた》りに震《ふる》え

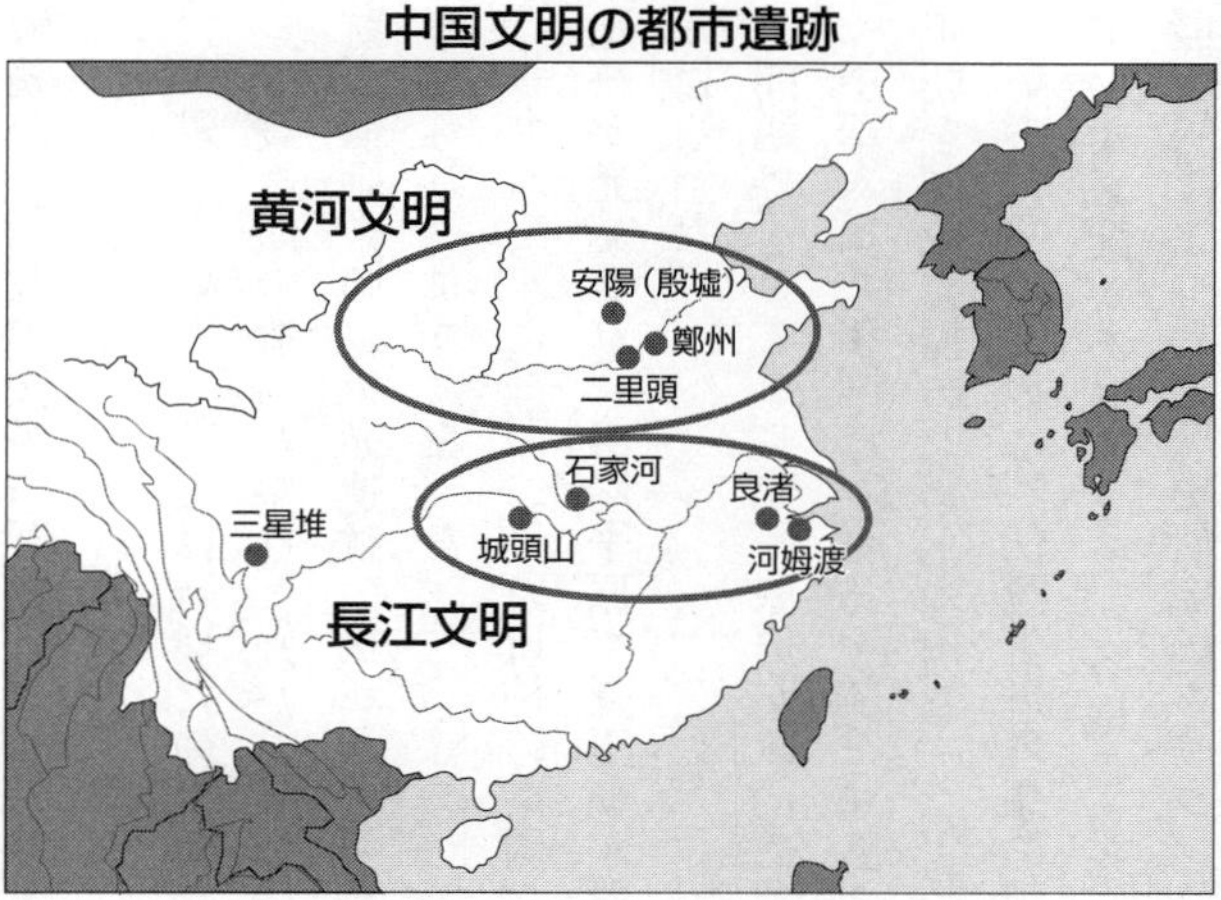

上がり、神の意志（たとえば、生け贄に何を求めているかなど）を確認する様子が記されていた。ただし、その中に、歴史を解き明かすヒントがふんだんに残されていた。

清朝《しんちょう》末期に、国学の長官である王《おう》懿栄《いえい》とその食客《しょっかく》の劉鉄雲《りゅうてつうん》の手で甲骨文字が解読され、殷王の名前が分かってきた。そして、『史記』に描かれた殷王朝の系譜とほぼ重なることから、殷王朝が実在したことが証明されたのである。

もっとも、だからといって、殷の時代の『史記』の記述を信じることはできない。そのいっぽうで、甲骨文字の解読から、殷の後半の歴史は、おおよそ解き明かすことができるようになった。

このころから、中国にも考古学が根付き始め、殷が存在したなら、夏も実在したに違いないと、調査は続いたのだった。一九二八年には、殷墟の発掘調査によって殷後期の遺物が発見された。さらに戦後になると、河南省鄭州《ていしゅう》市の鄭州遺跡、偃師《えんし》市の二里頭《にりとう》遺跡（後述）が発見され、夏王朝が実在したのではないかと考えられるようになった。

一九八三年には、二里頭遺跡の東側六キロメートルの場所に、殷前期の偃師城遺跡が発見され、洛陽《らくよう》平原で夏王朝が殷王朝に入れ替わっていたと考えられるようになった。

問題は、ここから先、歴史が政治に利用され始めてしまったことなのだ。

中華人民共和国は、台湾を統一するために「中華民族論」で理論武装して、夏王朝を国威発揚のために利用し、「中華民族の偉大な復興」をスローガンに掲げている。そのために、伝説上の理想の国々の実在を、是非《ぜひ》でも証明しようとしていた気配がある。また、各地の皇帝の廟《びょう》を整備している。一九九五年に夏、殷、周にまつわる歴史研究のプロジェクトを立ち上げ、五年後に結論を出している。歴史学、考古学、古文字学、天文学などを動員して、古代の歴年代を確定する作業が推し進められたのだ。その結果、夏王朝は実在し、紀元前二〇七〇年に始まったこと、殷王朝への王朝交替は、紀元前一六〇〇年だったことが、「正式に確定」された。

これに、地理学、遺伝学、動物学、植物学、冶金学《やきん》の専門家も加わり、中国文明のルーツ探しが始まった。それだけではない。中国文明の起源は、夏王朝よりもさらにさかのぼり、夏王朝以前の伝説の「三皇五帝《さんこうごてい》（神と聖人。理想視された君主）」も考古学の進展によって、確実な歴史として再現できるに違いないと、考えられるようになった（そう、予想されている）わけである。黄河中流域から渭河《いか》流域で五帝は繁栄を誇っていたというのだ。また、夏と殷の伝説の王たち、堯、舜、禹の廟や陵《りょう》が、再建、復元されている。

ちなみに、陝西《せんせい》省北部の黄帝の陵墓も、後世、伝説をもとに造られたものだ。

■歴史を政治利用する中華人民共和国

中華人民共和国の学校教育の現場で用いられる教科書でも、夏王朝は実在したと、はっきり記されている。

この中華人民共和国の「夏王朝は実在した」という判断を評価する日本の学者は存在するが、大方は否定的で、「まだ確定できる段階ではない」と考えている。要は国威発揚のために歴史が恣意的《しいてき》に書き足され、書き改められ、利用されている可能性が高い。「歴史とはそういうものだ」と割り切ってしまうことはできる。しかし歴史家の真の仕事はあらゆる手段を尽くして客観的な歴史像を構築することであり、歴史を権力者の手から奪い取る作業ではなかろうか。そういう意味でも、中華人民共和国の意図的な歴史構築作業に、違和感を覚えるのである。中華人民共和国は、明らかに歴史を政治利用している。

問題なのは、考古学的に客観的な裏付けもなく、到底史実とは思えない文献に記された夏王朝にまつわる「美化され、創作されたであろう歴史」を、そのまま史実として認めていることだ。

歴史策定は、中華人民共和国にとって、国家的威信を高めることに通じ、中華人民共和国のアイデンティティを構築する意味も持っている。

戦後のある時期まで、日本のインテリやマスメディアは、必要以上に中華人民共和国を礼讃してきた。

文化大革命で大虐殺が起きていたときも、中華人民共和国側の説明を鵜呑《うの》みにし、美化し、擁護するマスメディアがあったほどだ（しかもいまだに反省していない）。中国史の専門家の中には、「共産主義国家（中華人民共和国）の出現」のあとを、歴史記述の中で「解放後」と呼んで区別しているものがあるのを見て、驚いたことがある（『中国文明の歴史1　中国文化の成立』水野清一責任編集　中公文庫）。共産主義の悪夢に気付かずに、むしろ理想視していたから、見る目をくもらせていったのだ。問題は、いまだに古い体質をマスメディアの一部が引き継いでいることにある。

そこで、中国の歴史を、起源から語り始めなければならない。「夏王朝」「殷王朝」「周王朝」に、「中華人民共和国の原型」が隠されていると思うからである。

■中国の先史時代

まず先史時代から話を進めていこう。

人類の起源はアフリカに求められるが、今から二百四十万年前に北京原人《ペキンげんじん》の祖となるホモ＝ハビリスが出現した。新人の祖ホモ＝サピエンスは、二十万年前だ。中国で確認されている最古の原人の姿は、百七十万年前の歯の化石だ。そして三万年ほど前に、新人が中国に流れ込んでいたようだ。氷河期が終わると新石器時代に移行している。紀元前一万年から前八〇〇〇年ごろ、黄河流域、長江《ちょうこう》流域、東北の三つの地域に住み、それぞれが異なる生業《なりわい》を持っていた。順番に、「アワ作と雑穀栽培、家畜と狩猟《しゆりよう》（黄河）」「稲作、漁労《ぎよろう》、狩猟（長江）」「狩猟、漁労、採集、雑穀栽培、畜産（東北）」の三つの系統だ。

その中の、のちに夏や殷が生まれる黄河流域（いわゆる中原。河南省、洛陽から鄭州を中心とした黄河中流域）の移り変わりに注目しておこう。

新石器時代（日本では新石器時代は縄文時代と呼ばれている）前期から後期にか

先史時代・黄河中流域の文化圏

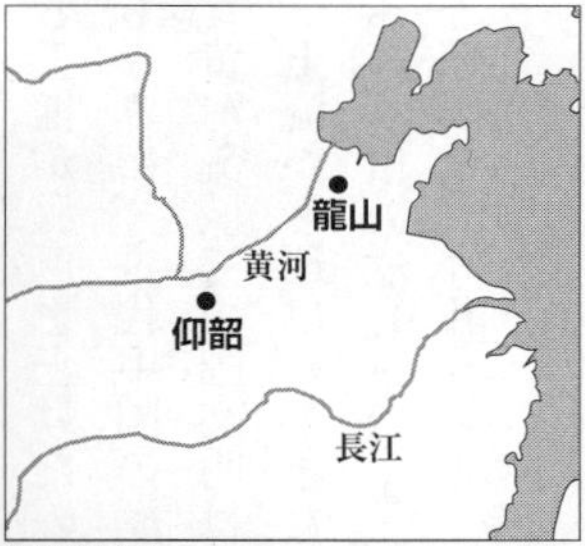

仰韶文化　黄河中流域を中心とする黄土地帯に形成された文化
龍山文化　黄河流域を中心に、長江流域まで分布した文化

龍山文化に顕著に見られる三足《さんぞく》土器
(Bridgeman Images／時事通信フォト)

けて、黄河流域を中心にふたつの文化圏が形成された。これをおおまかに分類して、仰韶《ぎょうしょう》文化と龍山《りゅうざん》文化と呼んでいる。紀元前四五〇〇年ごろは高温湿潤で農耕が発達し、環濠《かんごう》集落を形成するようになる。集会所となる大きな建物の周囲に中小の住居が建っていた。人口が増えていくと、分村化も進んだ。新石器時代中期・末期の紀元前三三〇〇年ごろになると、環濠集落が発展し、城壁で囲まれた集落（城塞《じょうさい》集落、城郭集落）が出現している。都市の雛形《ひながた》と言っていい。銅器や土器、文字らしきもの（記号状）もみつかっている。

新石器時代後期に至り、城塞集落の中では、階層と格差が生まれていた。墓の規模が大中小と分かれた。副葬品は、土器、玉器《ぎょっき》、彩色の施された木器などだったが、副葬品にも差が出た。ワニの皮で作った太鼓と平板な石で作った楽器を持つ者は、上位に位置した人物だ。軍事権を象徴する「玉鉞《ぎょくえん》」を副葬された人物も登場した。祭祀と軍事を司《つかさど》る首長の誕生である。

そして、このあとに登場するのが、二里頭文化、二里岡《にりこう》文化、殷墟文化で、初期国家を形成する段階に入る。ただし、のちの時代の隋や唐のような、広大な領土を支配していたわけではない。黄河中流域一帯の内陸部に、青銅器を威信財《いしんざい》とする王権が産声《うぶごえ》を上げたのである。

ちなみに、古代中国の歴史を知るための基本史料『史記』やその他多くの文書も、黄河流域で中国文明は生まれたという。黄河氾濫原《はんらんげん》が、中国の原郷だったのだ。上流から運ばれてきた黄土《こうど》が、川底に溜《た》まり、水位は上がり、たびたび水はあふれ、川の流れは定まらなかった。夏王朝が洪水伝説で始まるのはこのためだ。そして、始祖・禹は、治水を手がけたため礼讃されている。

■中国の青銅器文化はいつごろ始まったのか

ところで、中国の青銅器文化は、いつごろから始まったのだろう。すでに、新石器時代に、青銅器は造られていたようなのだ。

古代の時代区分に、遺物の素材によって三つに分ける方法がある。「石器時代」「青銅器時代」「鉄器時代」の三区分で、すでに十九世紀にデンマークの考古学者トムセンが考案していた。その後、イギリスの学者が石器時代を打製《だせい》石器の旧石器時代と磨製《ませい》石器の新石器時代に色分けした。ちなみに、この図式が日本にはきっちりと当てはまらないことは、次章で触れる。

青銅（銅と錫《すず》の合金で金色に輝く）の技術は、中国よりも西アジアやヨーロッパで先に発達していた。西アジアで紀元前六〇〇〇年よりも前に銅が使われ、バルカン地方で、紀元前四〇〇〇年の銅製の斧《おの》がみつかっている。

中国の場合、二里頭文化期（夏王朝）以降が、青銅器時代になるが、それ以前、新石器時代中期後半から後期前半になって、青銅器が存在していたことが確認されている。どうやら、ユーラシア大陸の西側から技術が移動してきたらしい。

ただしこの時代の中国の青銅器は、器の形をしていない。刀子《とうす》（小さな刃物）や錐《きり》のような断片で、装飾品と見られるものもある。青銅ではなく純銅を用いたものもみつかっている。

ちなみに、世界中の文明で、最初に使用した金属は銅だった。ではなぜ、銅に錫を混ぜた合金（青銅）が必要だったのかというと、純銅では、利器や祭器にとっての「硬さ」「強度」が足りなかったからだ。さらに、鋳造を楽にするためにも、合金にすることが求められたのだ。そして、青銅にすることで、金色に輝いたのである（錆《さ》びると青みがかる）。

そして、青銅器文化が花開くのは、このあとだ。いわゆる、夏王朝の時代なのだが、二里頭遺跡のみならず、中国西北部、内蒙古《うちもうこ》中南部、遼西《りようせい》地区など、広い地域で装飾品などさまざまな青銅器が利用されるようになったし、副葬品として重用された。

ただし、ここが興味深いのだが、階層の高い者が独占していたのではなく、身分の低い被葬者も、青銅を所持していた。例外的だったのが、黄河中流域の二里頭文化域で、青銅礼器が出現し、階層の高い者の墓だけに埋納《まいのう》された。威信財と階級社会が、この一帯に出現していたわけである。

たとえば礼器の中の「爵《しゃく》（酒器）」と「鈴《れい》」は「三次元の立体」だから、内と外の鋳型《いがた》（複合笵《ふくごうはん》）を作る必要があり、高度な技術を要する。また、二里頭文化も成熟すると、酒器がさらに重視され、鼎《かなえ》（三本脚の器。もともとは食事を煮炊きする器）も作られるようになっていく。これら青銅礼器は、「位階標識」となり、威信財として権力の象徴となっていったが、次第に各地にも伝播《でんぱ》し、逆に二里頭には、各地から雑多な文化や信仰が集まってくるという現象も起きている。

■二里頭遺跡は夏なのか

一九五九年に発掘調査が行われ、二里頭遺跡がみつかった。紀元前一九〇〇〜前一六〇〇年ごろの遺跡で面積は約四万平方キロメートル。この遺跡の中に、宮殿址《あと》、青銅器や陶器などの工房もみつかった。文献に現れる夏王朝と時代と所在地が合致することから、夏王朝の中心地と考えられるようになった（ただしくどいようだが、歴史書に見える夏王朝の物語をそのまま史実と見ることはできない）。

大きな意味を持っていたのは、宮殿址だった。一号宮殿遺址《いし》（東西一〇七メートル、南北九九メートル）は版築《はんちく》の〇・八メートルの大基壇《きだん》の上に建つ。ほぼ正

二里頭遺跡宮殿区

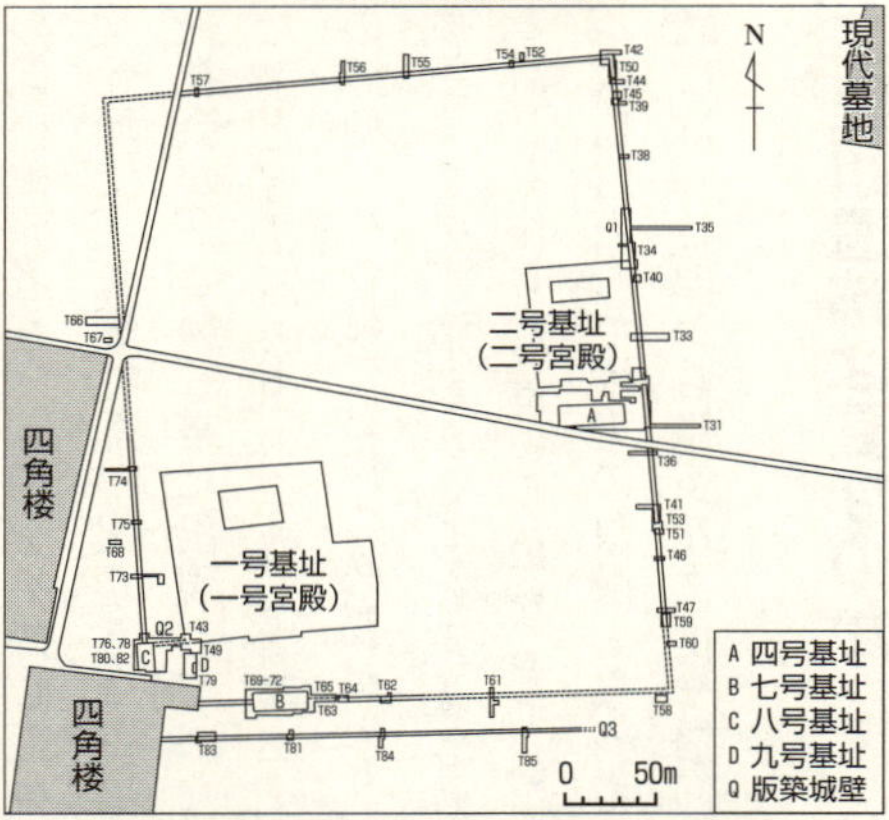

※『中国の歴史１　神話から歴史へ　神話時代　夏王朝』
宮本一夫（講談社）掲載の図（P314）を参照

方形で、全体が回廊《かいろう》で囲まれている。南に大きな門、北と東に小さな門を構える。南門から見て北側に隔たった場所に正殿が建つ。正殿は東西三六メートル、南北二五メートルだ。この一号宮殿の東北約一五〇メートルの場所に、二号宮殿遺址がみつかっている。東西五八メートル、南北七三メートルの版築大基壇の上に載り、やはり回廊に囲まれ、正殿をともなう。宮殿址から、生活感は

見当たらず、政治的、宗教的施設だったことが分かる。ただし、宮殿を守るための城壁は、みつかっていない。

炭素14年代法で調べた結果、紀元前一六八四～前一五一五年（較正《こうせい》年代）の遺跡と判明した。

後世の宮殿建築様式の原型と考えられている。ここに人びとが集まり、爵（酒器。二里頭のものは、注ぎ口が異常に長い）などの青銅器を用いて儀礼が行われていたと推理されている。初期の礼制が成立し、新石器時代から大きく飛躍したように見える。

また、大型墓（東西五・二～五・三メートル、南北四・三メートル、深さ六・一メートル）や、青銅で作られた工具や武器、礼器もみつかっていた。青銅器が本格的に使われるようになっていたことが分かった。さらに、二〇〇一年には、二号宮殿址の下から、大型建築遺構がみつかった（三号宮殿址）。銅器、玉器、漆器《しっき》、白陶器《はくとうき》、原始青瓷《せいじ》などの副葬品を埋納した墓もみつかっている。それ以前の遺跡とは比較にならない特徴を備えていた。

二里頭文化は、広範囲に影響を及ぼした。集落とつながるネットワークが構築され、その中心となる、求心力を持った集落が二里頭遺跡なのである。つまり、まわりの集落は衛星集落となり、二里頭が新たな文化を発信し、諸地域の集落ごとの文化と融合していった。二里頭遺跡が周囲から見て中心的な存在になっていったことは間違いない。「初期王朝」「初期国家」と考える研究者も多い。

中華人民共和国の研究者は「間違いなく夏王朝は成立していた」と太鼓判を押すが、日本人研究者の多くは、首をかしげている。ほぼ否定的なのだ。

理由ははっきりとしている。二里頭遺跡は殷王朝成立前の重要な遺跡であることは間違いないが、文字史料が発見されていない。ここが地域の中心だったと推測されるが、だからといって、ここが「夏」だったのか、その確証がない。「夏」の時代と重なるが、夏王朝の後期でしかない。

日本の研究者の多くは、夏であった可能性はすこぶる高いが、慎重に「確認できない」「今後の研究の進展を見守りたい」「王朝と呼べるほどの制度が整っていたのかどうかは、未知数」と言っている。その通りだろう。

■殷で盛んになった青銅器文化

次に、殷王朝に進もう。こちらもかつては実在が危ぶまれたが、今では確実に存在していたことが分かっている。

殷が滅びて千年後に記された『史記』の「殷本紀」に、次の記事がある。湯《とう》なる人物が挙兵し、夏王朝の暴虐な桀王《けつおう》を伐《う》ち、殷王朝をうち立てた、という。そして殷王朝は、約五百年続いたのである。

かつて、殷は伝説の王朝と考えられていたが、考古学が、その実在性を明らかにした。

一九五〇年から、河南省鄭州市で遺跡がみつかり、殷代前期（紀元前十六世紀～前十四世紀）と判明した。これが二里岡遺跡（鄭州商城《しょう》［商は殷の別称］）である。

殷とこれに続く周は、農耕社会と牧畜型農耕社会の接触地帯に誕生している。ふたつの文化が混じり合って、化学反応を起こしたようなのだ。中国の原始国家の始まりが、「ひとつの文化、圧倒的な勢力」によって生まれたわけではなかったことは、注目していいと思う。

そもそも、殷は広大な領土を保持していたわけではなかったが、点と点をつなぐネットワークを構築していたようだ。前期には、垣曲古城《えんきょく》（山西省《さんせい》垣曲県の城郭遺跡）や盤龍城《ばんりゅう》（湖北省武漢市《ぶかん》。周囲約一一〇〇メートルの城壁で囲まれていた）といった中心的集落の周辺から、二里岡、殷墟文化に属する青銅器が大量に出土し、殷系土器を保持する集落が分布し、その後も各地で同様な遺跡が営まれていたことが分かってきた。

竹内康浩は、これら殷王朝と結ばれた地域拠点には、三つのタイプが存在するという（『世界史リブレット95　中国王朝の起源を探る』山川出版社）。それを要約する。

①植民的拠点。比較的大型で軍事的、経済的拠点。殷の文化と伝統を継承する人びとが中心になっていた

②殷につながる人たちによって造られたが、次第に殷から距離を置き、自立し

ていった
③最初から、殷と在地の共存を前提としていた集落

殷は二里頭文化を継承して、青銅器文化を発展させた。二里岡文化の青銅器の文様《もんよう》は荘厳で緻密《ちみつ》な美を醸《かも》し、現代の技術をもってしても、製造が困難なのだという。

ところで殷代史は、前期、中期、後期に分かれるが、文字史料（甲骨文字）が残っているのは後期だけだ。その後期の殷の中心は殷墟で、青銅器文化は、最盛期を迎えていた。

■なぜ殷王朝は青銅器を求めたのか

なぜ、殷王朝は、青銅器を求めたのだろう。それは、青銅器を宗教儀礼に用い、宗教を政治にも利用したことと深くつながっている。

殷の時代、青銅彝器《いき》（青銅祭器）が、統治システムに用いられた。位階システ

ムとしての礼制だ。青銅彝器の所有数が、身分の上下を表していた。殷王朝を頂点にしたヒエラルキーが、遠隔地域にももたらされていったのだ。鼎や罍《らい》（酒樽）などが、特権階級の持ち物となった。身分の低い者たちの持ち物は、他の酒器などだ。

殷王朝に民からもたらされた貢納品《こうのうひん》（資源や物資）を再分配することで、国家が維持された。その再分配に際し使われたのが、青銅彝器でもある。ここで、位階標識としての青銅器が、大きな役割を担ったわけだ。

殷王朝は南に向かって進出してもいる。長江中流域に勢力圏を拡大していったのだ。銅鉱山が分布していたことから、銅資源を求めていた可能性が高い。それだけ殷にとって青銅器は大切だった。湖南《こなん》省岳陽《がくよう》市の銅鼓山《どうこさん》遺跡などが有名だ。この地域で、大きな青銅製の楽器「鐃《にょう》」が多数みつかっている。殷の技術者が造ったと思われる。祭器に用いられていたようだ。

長江中流域には、早期の段階でまとまった人びとが殷から押し寄せ、銅が採掘されていたと考えられている。西周後期以降になって、ようやくその土地の「越《えつ》」の人びとによって行われるようになる。

このあと周が殷を滅ぼすのだが、ここでも殷と同様、広大な中国全域を支配していたわけではなかった。点と点を結んだ線上の諸国と連合を組んで政治的関係を維持していた。だから、「邑制《ゆうせい》国家」とも呼ばれている。「邑」は、集落を意味する。これが領域国家に発展していくのは、春秋後期のことだ。

諸侯は西周の都に定期的に出向き、銘文入りの青銅器をもらい受けていた。この「青銅器に銘文を刻む鋳造技術」を王朝が独占し、諸侯に与えることで、権威を維持し、連合体をつなぎ止める役割をはたしていたわけだ。もちろん軍事的優位性も必要だったが、青銅器は神器でもあり、誰にも造ることのできない「魔法」でもあった。宗教儀礼のネットワークが、統治システムのひとつの仕掛けだったのである。

殷の統治システムは「神権政治」とみなされているが、神頼みではなく、祭祀や信仰をうまく利用していたのだ。その儀礼の中で、青銅器が大きな割合を占めているが、青銅器以外にも小道具が求められている。

たとえば、甲骨卜占《ぼくせん》は、王が占いをして神意を問うのだが、「王の意思を神が追認する」カラクリが隠されていた。

殷代の甲骨の裏側には、鑽鑿《きのみ》と呼ばれるくぼみが彫られていた。鑽は、丸く浅いくぼみで甲骨の厚さを調整している。かたや鑿は細長いくぼみで、これが大きな意味を持っていた。新石器時代の甲骨には、鑿がない。この甲骨に熱を加えると、鑿のラインに沿って、思い通りのヒビを入れることができる。長ければ長いほど、占った内容が吉である証《あかし》とされた。つまり、殷の王が行う甲骨の占いは、最初から、どのようにヒビが入るか分かっていたイカサマだったのだ（『殷《いん》』落合淳思　中公新書）。

殷は、王の権威を甲骨卜占や信仰の力で高めていたことが分かる。王のカリスマ性は、この時代、なくてはならないものだった。また、殷の王は、太陽の末裔《まつえい》という観念があったようだ。

あくまで殷の支配体制は、分権的で、中央の周辺は支配下に置いたが、遠方の地方領主は自立していたのだ。戦争で兵士を召集するに際しても、外敵に近い地域から集めることもしばしばだった。ちなみに、この時代の軍隊は、三千から五千人の規模で、最大一万人程度（誇張がある可能性も）である。

このように殷の支配体制はゆるやかで不安定だった。この欠陥を周は封建制、貴族制を敷くことで克服し、安定した王朝を築いていったのだ。

■祭儀と礼制による統治システム

暦《こよみ》も統治システムに組み込まれた。殷の時代に、十干十二支《じっかんじゅうにし》は整っていて、日にちに当てはめられ、干支《かんし》の組み合わせにより、六十日の周期が一年に六回繰り返された。また、十日をひとつで区切り、「旬《しゅん》」と呼び、最後（十日目）の「癸《き》（甲乙丙丁《こうおつへいてい》……と続く十干の最後）」の日に次の「甲（十干の最初）」から始まる旬の占いが行われた。旬を占う「貞旬《ていしゅん》」だ。

また、殷代の王の名には、「十干」の漢字が一文字ずつついていた。殷の歴代王の中から、名前に「甲」がつく王は「（十干の）甲の日にまつわる王（先王）」と考えられ、甲の日に祀った。また、「（十干の）乙」の名を持つ王は、「乙の日の先王」として祀られた。要は、十干の日にちに合わせて、同じ名を持つ先王を、世系《せいけい》の序列に沿って祀ったのだ。

祀るのは、先王だけではなく、自然を支配する者＝自然神＝上帝、殷の王家の祖とみなされる高祖神《こうそしん》、先臣（すでに亡くなっている臣）を神格化した先臣神だ。王は上帝を中心にして、祖神たちを祀った。王以外の族集団は、身近な父母兄弟を祀るが、王は祖父以上の先祖を祀った。西周の時代に移ると、祭主の亡父を祀るようになっていく。

この信仰形態は、古代の日本とよく似ていると思う。多神教的で穏やかな信仰形態と言っていいし、西欧の信仰を基準にして、これらを野蛮と決め付けることはできない。むしろ、アニミズム的で多神教的な信仰を捨てたとき、それぞれの民族は、堕落していくと思うのである（理由は、第四章で詳述）。

ところが、ここから先、中国の「王家の信仰様式」は、次第に変質していく。上帝は次の周の時代になると「天」と呼ばれる。「殷の上帝」や「周の天」は、見上げる天蓋《てんがい》のイメージだ。ところが、戦国中期になると、天蓋のさらにその上の天蓋の外側の極上から見るイメージに変化していく。そして、秦が中国を統一すると、王は「皇帝」を名乗るようになる。皇帝とは「煌々《こうこう》（キラキラと光り輝く）たる上帝」の意味で、皇帝が、みなに見上げられる上帝（神）そのものになったわけである。

また、黄河中流域では新石器時代に犠牲祭祀が行われているが、活発化するのは、殷の時代、特に後期になってからだった。祖先祭祀のために、動物や人間は生け贄として神に捧げられた。さらに、王が神になりかわり卜占し、これを文字に起こした。祭儀と礼制による統治システム（祭儀国家）が、殷王朝で完成したのだ。そしてもちろん、青銅器が、祭祀に用いられ、権威と権力の象徴になった。

■中華思想は周の時代に生まれた？

このあと殷は、周に取って代わられる。ここで何が起きていたのか、はっきりとしたことは分かっていない。国家の最後の混乱期に、殷の甲骨文字の記録が激減していたからだ。ただし、後世に記された文書から、おおよその見当はつく。

前一〇二四年、周の武王が殷を討つべく東に向かい、翌年、牧野《ぼくや》の戦いで殷は滅んだ。『逸周書《いつしゅうしょ》』によると、殷の王と妻の首は、祭祀に用いられている（生け贄）。

『史記』には、殷王朝の最後の王、紂王《ちゆうおう》が、酒池肉林を繰り広げたと記録されている。内容は以下の通り。

紂王は弁舌がさわやかで才気にあふれていたが、女性が人一倍好きで、酒池肉林に明け暮れていた。諸侯が叛《そむ》くと厳罰に処した。周では西伯《せいはく》（文王《ぶんおう》）が即位した。西伯は殷の王を諫《いさ》めたが聞き入れられず、とらわれの身となった。周は賄《まいない》を送って身柄を引き取った。このあと西伯は善政を敷いたので、諸侯は「天命を受けた王だ」と、西伯についた。その後西伯は亡くなったが、武王が即位した。紂王の所行《しよぎよう》は相変わらずで、武王が兵を挙げ、殷を攻め滅ぼした……。

ただしこの説話が、本当だったのかどうか、はっきりとは分からない。敗者には、弁明の場が与えられていないし、中国の歴史は、「前王朝の腐敗と新王朝の世直し」がセットになっているから、話半分に聞いておかなければならない。

一方、今日的な解釈は、次のようになる。殷の分権的な支配体制はゆるやかで不安定だった。かたや周は、封建制度や冊命《さつめい》儀礼（王が臣下に職務を任命）などを整備して、貴族制社会へ進んで、安定した社会を構築していったということになる。

東アジア考古学の宮本一夫は、殷と周の歴史的意味を、次のようにまとめる（『中国の歴史1　神話から歴史へ　神話時代　夏王朝』講談社）。

殷と周は、アワ・キビ農耕社会と稲作農耕社会を基盤とする社会の統合化の発展史だったと言い、文字を生み出し、先史時代から歴史時代への社会発展の段階だったと言う。さらに、これら初期国家の成立した中原を地理的に中心とする古代国家が、このあと攻防を繰り返し、そこに自身を守る「中華」という思想が生まれたと指摘している。

自らの来歴を尊重し自尊することにより、さらに自らの現在を再確認することのナショナリスティックな発想は、社会組織の再認識と組織の拡大に実に大きく寄与するものである。近代国家に見られる民族主義とはいささかその母胎や性質は異なるが、ある意味では共通するところも多い。

この「中華」の思想が生まれたのは、殷・周社会の後期、春秋・戦国時代だったというのである。

そこで、周（春秋・戦国時代を含む）の歴史を、概観していこう。西方の周族が東に移って建てた周王朝は、紀元前十一世紀後半から前二五六年まで約八百年続いていく。前半は西周（約二百五十年間）、後半は東周と呼ばれ、東周は春秋期（周の実力が落ち、有力諸侯が王を奉じていた。日本で似ている時代を探すと、織田信長が室町幕府の将軍を担《かつ》いでいたイメージ）と、そのあとの戦国期に分かれる。孔子によって理想視された王朝の実態は、いかなるものだったのか。

■西周の封建体制

周の歴史も殷と同様、長い間文献から解明することができなかった。『史記』「周本紀」も、記述にバラツキがあって、全体像がつかめなかったからだ。これを穴埋めしたのが、青銅器の銘文だった。その結果、「周本紀」（『史記』）の記事は、ほぼ正確だったことが分かった。これに、考古学の発掘によって物証が伴い、おおまかな歴史を再現することが可能になったのである。

殷の滅亡と周のその直後の政情は、以下の通りだ。

殷の末期、周の初代武王は、王位について十二年目に、東の殷を攻め始めた。歩兵四万五〇〇〇人、近衛《このえ》連隊三〇〇〇人が黄河を渡って東進し、牧野《ぼくや》の戦いに挑んだ。迎え撃つ紂王が派遣した軍勢は七〇万人というから、その差は大きかった（もちろん、誇張が入っているだろうが）。しかし、紂王の軍勢の士気は低く、武王を迎え入れ、殷王朝は敗れた。ただし、周は殷の後釜を狙い、殷の旧勢力を抱きかかえ、武王は一度西に戻っている。周の体制はまだ整っていなかったが、ここで武王が病没し、弟の周公《しゆうこう》が主導権を握り、身内の反乱を三年で鎮圧し、王位を成人した武王の子、成王《せいおう》に返した。このあとしばらく、平和な時代が続いたと『史記』は記すが、金文《きんぶん》（青銅器の表面に鋳込まれた、あるいは刻まれた文字）には、まったく異なる事情が記されていた。周辺の反抗する勢力と、絶えず戦っていたようなのだ。

また、『史記』には記録されていないが、領土を拡張する戦いも、推し進めていたようだ。殷の勢力下にあった東夷《とうい》、その次に南夷《なんい》へ、さらに周辺へと、戦線を拡大していった。

西周は政権を安定させるために、「封建体制」を組み立てていく。中国の封建は、王室の藩屏《はんぺい》となるべく、王の一族（血縁。同姓諸侯）に、功績によって土地と民を与え、祭祀と軍事による統治を委《ゆだ》ねるものだ。しかも、一方的な支配ではなく、現地の慣習を重んじ、また、殷に仕えていた人たちの知恵と経験知をも、拝借して力にしたのだった。

青銅器の銘文には、異民族（とはいっても、共通の文明圏に属した、同じような武器を携えた人たちだ）が果敢《かかん》に周に挑んでいた様子が記されている。拡張政策に対する反発が溜まっていたようで、周が弱まったとき、さかんに攻めてきた。周王は彼らを成敗《せいばい》するに際し、「年齢に関係なく、老人も幼児も、皆殺しにしろ」と命じたと、青銅器の金文は証言する。孔子が夢みたような理想的な社会だったかというと、じつに怪しい。

くどいようだが、のちの時代に記された歴史書と金文の内容は、一致しない。もちろん、同時代人が残した金文をとるべきだろう。ただし、金文のすべてが正しいとは限らない。目撃者が事件の当事者だった場合、自身の保身のために、嘘を記すことはありえたからだ。しかし、だからといってその他の「過去を美化した歴史書」を鵜呑みにして、夏、殷、周の時代を特別視することはできないのである。金文の政治性を考慮した上で、金文中心に歴史を再構築すべきだろう。日本の場合も『日本書紀』のどこにそれが記され、誰の正当性を主張するために記されていたのかを考えながら読み取れば、かなり正確な古代史を再現することができる。

▩西周の凋落と青銅器技術の拡散

西周は次第に衰弱していき、内部に権臣《けんしん》（実力者）が出現し、王から権力が奪われることも起きていたのである。

西周の第一〇代厲王《れいおう》は暴君で利を貪《むさぼ》り、誹《そし》る者を殺し、諫めても言うことを聞かなかった。だから紀元前八四一年に諸侯、国人たちが叛いた。こうして厲王は出奔《しゅっぽん》して空位が続いた。これが、「共和時代」だ。有力者二人が共同して統治した時代で(あるいは共伯和《きょうはくわ》なる人物が摂政《せっしょう》になった)、これがいわゆる「共和制」の語源になった。

十四年後、厲王が逃亡先で亡くなり、厲王の子が即位した。これが宣王《せんおう》で、四十六年間の治世で、なんとか弱体化した西周を立て直した。ただし、異民族との戦いに明け暮れていたようで、宣王没後、子の幽王《ゆうおう》が立つも、諸侯との軋轢《あつれき》が生まれ、皇位継承問題がこじれ、西北の異民族も巻き込んでクーデターが起きていたようだ。幽王は殺され、ここで西周は滅んでしまう。

無視できないのは、西周が独占していた青銅器技術が、このとき各地に拡散していったことだ。青銅器そのものは、すでに方々《ほうぼう》で造られていた。西周が独占していたのは、漢字を青銅器に鋳込む技術だった。王朝の混乱とともに、技術者が流出してしまったのだ。それまで西周王朝が守り抜き、秘密にしてきた技術が漏洩《ろうえい》した。ただし、だからといって、周王朝の権威が凋落《ちょうらく》したのかと言えば、これが逆で、東周に王の権威は引き継がれていく。その理由を説明しておこう。

漢字は殷王朝で使用され、青銅器に刻まれた。これを西周が継承し、威信財として配っていた。また、漢字そのものは、殷と周の時代は、一部の都市の中で使われるだけだった。だから、地方の人びとは、漢字を青銅器に刻むこともできなかった。青銅器（金文）には、周の偉大さ、周王との関係が刻まれ、地方の有力者にとっても、配られた青銅器が権威の証になり、漢字の意味を理解するようになって、次第に周の「魔術」にはまり、周の権威にすがっていったわけである。

その一方で、西周が独占していた「漢字」は、東周の春秋時代に各地に広まっていった。そして、漢字が地方に散らばっていった結果、西周が配った金文の内容を多くの人が知るところとなった。周の武力は弱まったが、権威だけは、高まっていったわけだ。

これ以降、広い地域の歴史が、これら青銅器の金文によって残され、考古学の進展とともに、青銅器がみつかった。その結果、このあと展開される春秋時代に理想的な王道が廃《すた》れていったという常識が、崩れていく。

■孔子が思い描いたような理想的な時代ではなかった？

『漢書《かんじょ》』「地理志」上に、次の記事が載る。

周が強かった時代には、国は一八〇〇もあった。衰えると、諸侯が好き勝手を始め、争った。数百年の間に、多くの国が滅ぼされた。春秋時代には数十国あって、五伯（五人の各地の大物）が交替で会盟《かいめい》（神の前で盟約し、争いを避けた）の主宰者となって、王朝をまとめていた。しかし戦国時代になると、天下は七つに分かれ、合従連衡《がっしょうれんこう》すること数十年、ついに秦が統一した。これで封建領土はなくなり、天下に郡県制が敷かれた。

竹内康浩は、殷や西周を中国の揺籃期《ようらんき》と位置づけ、西周について、次のように総括している。

西周は、一つの歴史的な試みであった。神を媒介した人間の統合をおこなった殷を倒したあと、人間の縁（絆）を紐帯とした体制をつくりそれによって支配をおこなおうとしたのである。（『世界史リブレット95　中国王朝の起源を探る』山川出版社）

そして、この後に続く中国王朝の支配のモデル形成をはたしたという。ただし、孔子が思い描いたような理想の国家ではなく、孔子の影響を受けて人びとが憧れたような国でもなかったと指摘したのである。

神聖視されてきた殷や西周、中国王朝黎明期が、考古学の進展によって、決して理想的な社会ではなかったことが分かってきたのだ。

そして、この先、さらなる混乱の時代が始まる。それが、春秋戦国時代（東周時代）だ。春秋は年代記の『春秋』にちなんでいる。「戦国」は、もともとは、「六国の世」と呼ばれていた。前七七〇年に周の平王《へいおう》が洛陽の成周《せいしゅう》に東遷して即位し、それから前二二一年に秦の始皇帝が中国を統一するまでを、春秋戦国時代と呼んでいる。前四五三年をはさんで、前半が春秋時代、後半は戦国時代だ。混乱と動乱の時代として注目されるが、それよりも大切なことは、鉄器の需要と生産が伸びたことではなかろうか。

青銅器と鉄が古代中国の文明の基礎を築き上げたが、また同時に、負の遺産も積み上げていったと筆者は考える。なぜそう考えるかは、第三章で改めて触れる。ここでは春秋・戦国時代の歴史を概観しておこう。

■混乱の時代の周王と鉄

『史記』には、西周末期の幽王の寵妃《ちょうき》にまつわる失策が記録されているが、史実ではないらしい。はっきりとしているのは、紀元前七七二年に幽王らが殺され、翌年に西周と東周に、王が並立したことだ。

平王が東に移ったあと、周はかつての繁栄を取り戻すことはなかった。西周時代に連合を組んでいた諸侯は、自立していった。前七五九年には、西周が東周に滅ぼされ、前七五四年、西側の秦（のちに中国を統一する）が進出してきて、その地を治めた。秦はこうして、周の青銅器技術を手に入れた。

ただし、「周王を特別視する」伝統は、このあとも守られていった。権威だけは健在だったのだ。理由はいくつもある。諸侯の多くが周王と血縁関係でつながっていたことも、そのひとつ。また、すでに触れたように、青銅器に銘文を鋳込む技術を周王は独占していたことも大きい。諸侯は周王との関係を青銅器の銘文を通じて、再確認していたわけで、これが「礼」という形にまとめられていくのだ。

中国の「礼」は、礼儀作法のみならず、冠婚葬祭などの儀礼、地域社会、朝廷などの場における作法、しきたり、式次第などの身体行動を規範化して秩序を守るためのものだ。国家レベルで言えば、国家を安定化させ維持し、運営していくための仕組みが組み込まれている。

「礼」は、身分ごとの関係を定めてもいる。身分の低い庶人は、この規定からはずされていた。また中国の人びとは、「礼」に通じているかどうかが、文明（中華）と野蛮（夷狄《いてき》）の差になるとさえ思っていた。

ちなみに、中国古代の礼書のひとつに『周礼《しゅらい》』がある。西周王朝の理想的な行政組織を記録したものとされている。

つまり、春秋時代だけでなく戦国時代に至っても、諸侯たちは、周王を敬っていた。孔子ら儒家が、しきりに周王朝を礼讃していたのは、このような「礼」に則《のっと》った統治システムが理想的に見えたからだろう。

ところで、次第に武力の時代がやってこようとしていた。王道ではなく、覇道

春秋時代

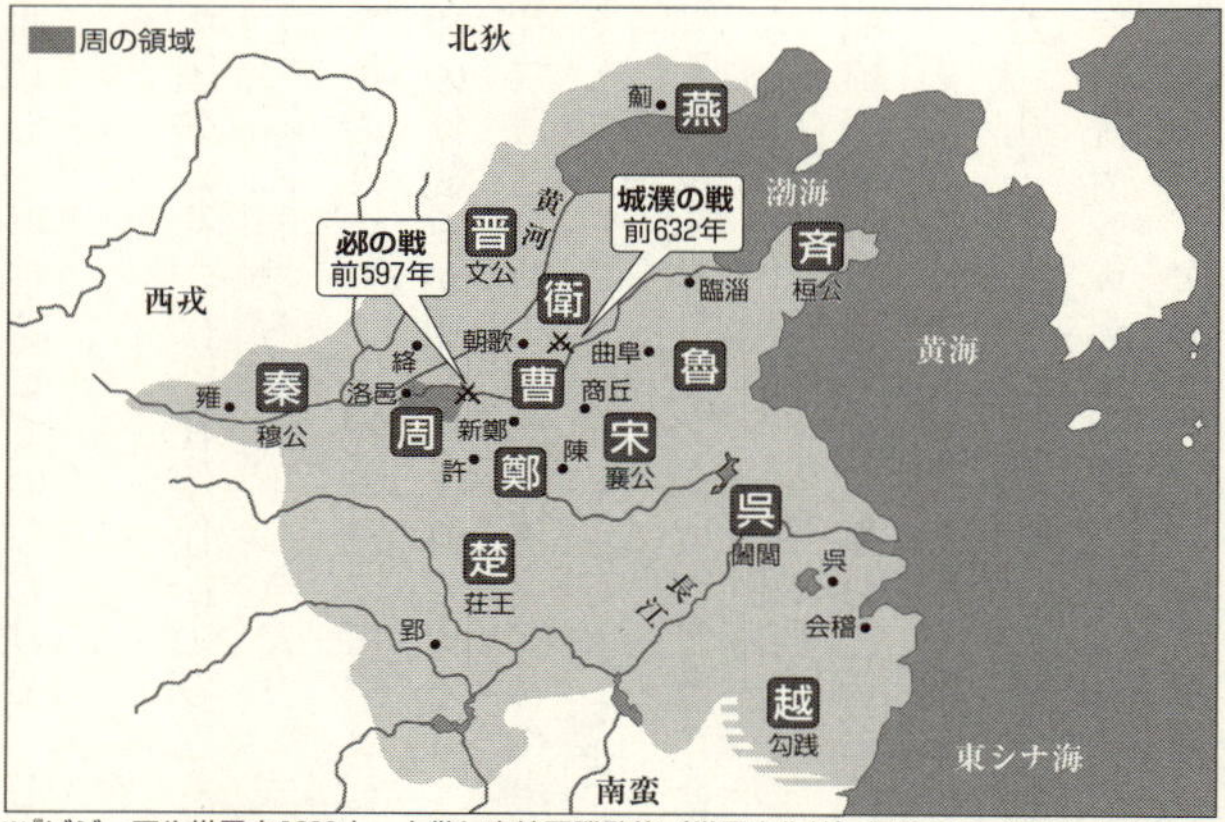

※『ビジュアル世界史1000人　上巻』宮崎正勝監修（世界文化社）掲載の図（P23）を参照

（武力）によって諸侯を支配しようとする動きで、彼らを「覇者」と呼んでいる。混乱の時代だからこそ、周王が尊重されていく。周の権威を借りながら、覇道を進むという動きが始まったのだ。よく語られるのが春秋五覇で、斉《せい》の桓公《かんこう》、晋《しん》の文公《ぶんこう》、楚《そ》の荘王《そうおう》、呉《ご》の闔閭《こうりょ》、越の勾践《こうせん》、宋《そう》の襄公《じょうこう》、秦の穆公《ぼくこう》などの名が挙がる（斉の桓公、晋の文公以外は、誰を五覇とするかは、諸説ある）。

これらの地域は大国に育っていったが、それぞれの正当性と正統性を主張している。まず、他国の非を説き、神の災《わざわ》いを受けるだろうと予言し、成り

戦国時代

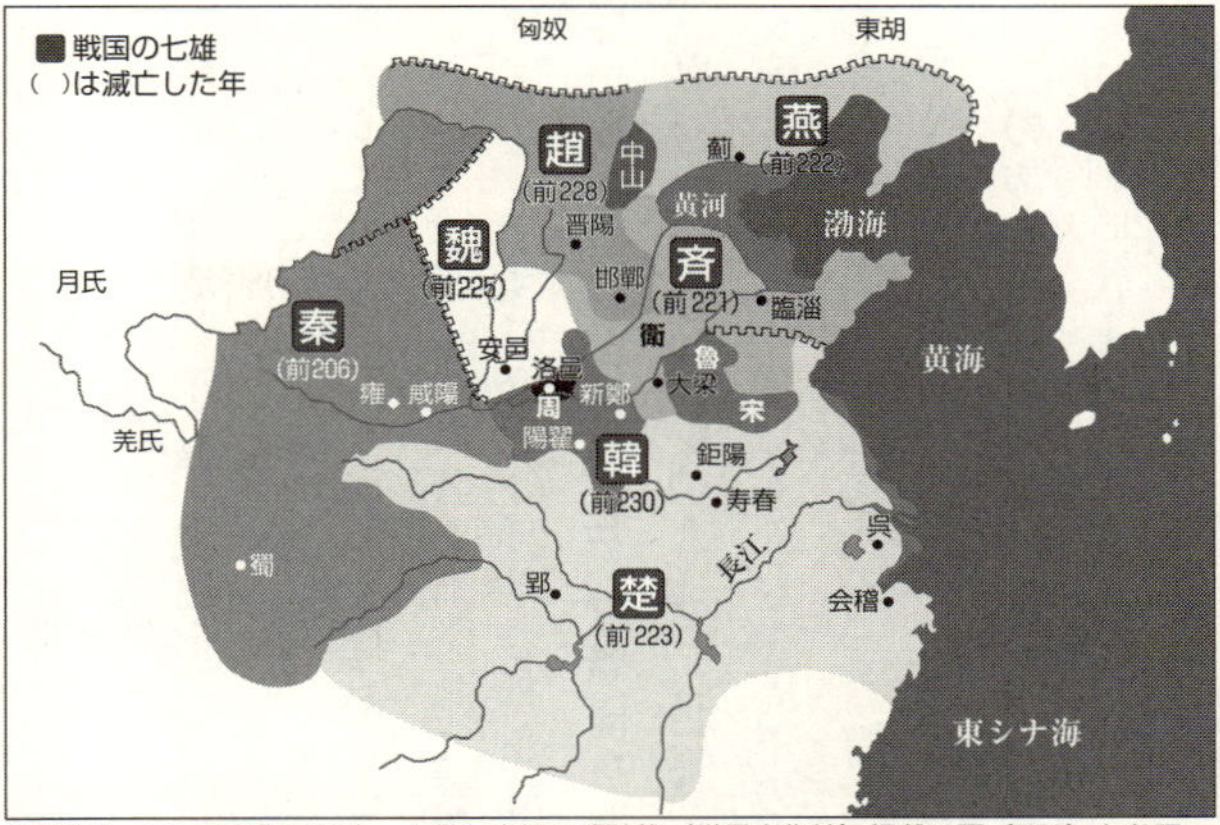

※『ビジュアル世界史1000人　上巻』宮崎正勝監修（世界文化社）掲載の図（P23）を参照

上がり者は他の権威を引きずり下ろし、由緒正しい者は、成り上がり者をこき下ろす。神話や伝説、歴史を持ち出し、周に成り代わって天下を治めているなどと、自らの正義を訴えたのだった。

覇者たちは、周王の権威を重視し、権威者となる式典を行った。「文武《ぶんぶ》の胙《そ》（周の始祖・文王と子の武王の祭肉、供える肉）」を周の王から下賜《かし》されたのだった。たとえば戦国時代の魏《ぎ》、斉、秦の王たちは、「文武の胙」をもらい受け、周の王に成り代わって天下に権威を示す式典を執《と》り行った。これが「践祚《せんそ》」のもともとの意味だ。践祚の「祚」は、「胙」だった。そしてこの儀式が、秦、漢に継承されていったのである。

一時期、東周の王は、織田信長の時代の足利将軍のようになっていく。春秋五覇の中のひとり、斉の桓公（在位、紀元前六八五〜前六四三年）は、周王を助け、周囲から迫りくる敵を討ち、団結を促し、前六五一年には、葵丘《ききゅう》（河南省）に諸侯を集めて会盟し、周王に代わって桓公がみなに秩序維持を呼びかけている。桓公は、この時代の第一の覇者であった。

この斉の桓公亡きあと、主導権を握ったのは、斉と同じ河南の晋の文公（在位、前六三六〜前六二八年）で、北側からの圧力をはね返し、このあと中原を晋が支配していく。晋はもともと周王の一族で、封建された「姫《き》」姓だった。

春秋時代の大国にのし上がった晋だが、このあとの歴史を大雑把に言ってしまうと、晋の家臣の中の、韓《かん》、魏、趙《ちょう》の三代が、三つに分裂したことで晋が滅亡し、このあと七雄《しちゆう》と呼ばれる諸勢力（韓、魏、趙、楚、斉、燕《えん》、秦）が争い始めたから、戦国時代という。

そしていよいよ、秦の始皇帝の御先祖様たちが登場する。彼らは西方の「嬴《えい》」

族で、もともとは馬や家畜の飼育を専業としていたようだ。西周が東遷する時代、部族長は軍勢を率いて周王朝を助け、その功を褒められ、のちに「秦の襄《じょう》公《こう》」と呼ばれた。

そして、戦国時代を最後に制し、統一国家を樹立したのだった。ここに、中国王朝の黎明期の歴史は、幕を閉じたのである。

このように、古代中国の歴史は、中原（黄河中流域）に興り、周辺の点と点を線でつなぎ、ネットワークを構築し、青銅器の金文を権威の象徴としていたのだ。封建制でゆるやかな支配体制であるがゆえに、のちの時代に理想視もされたのだろう。

しかし、西周が衰退すると、やがて混乱の時代が到来する。人びとは鉄の武器を獲得し、さらなる激しい争いを始めていったのだった。この青銅器と鉄器の文明の発展は無視できない。中国文明の原点に、冶金が隠されていると思う。しかもこれが、重大な意味を持っていたと思うのだ。

ここまで古代中国、黎明期の王朝の姿を追ってきたのは、どのようなきっかけで金属器を中国の王朝が必要とし、手に入れたのか、その様子を知りたかったたからだ。そして、春秋・戦国時代に、中国の王朝は、鉄器の力に目覚めたわけだ。
そこにどのような意味が隠されていたのか。このあと少しずつ語っていこう。

第二章

縄文人の正体

■縄文とつながる伊勢神宮

中国文明は、殷よりも古い夏王朝までさかのぼる可能性が出てきた。そして、中国では、国家をあげて、「夏王朝は実在した」「理想的な夏王朝は、伝説通りだった」と、建国史のすばらしさを国威発揚のために喧伝《けんでん》しているのである。

この中国の動きを、とやかく言うつもりはない。それぞれの歴史観が出現するのは、当然のことだ。ただし、第三者は鵜呑みにせず、客観的な歴史観を構築すればよいだけの話だ。

そして、日本の歴史も客観的に考えたいものだ。日本人のアイデンティティを確立するためにも、先史時代からヤマト建国に至る歴史を、冷静に見つめ直す必要がある。特に、縄文人は日本人のルーツであり、縄文文化は現代日本にも大きな影響を及ぼしている。だから、「縄文文明」を掘り下げ、中国文明と比較する必要があろう。

中国文明と縄文文明の「力の差」に、愕然《がくぜん》とされる方も多かろう。しかし、縄

伊勢神宮外宮の正殿

文文明は目に見えぬ形で、有史時代に影響を及ぼしている。

たとえば、伊勢《いせ》神宮《じんぐう》も、縄文文明と無縁ではない。伊勢神宮が整備されたのは七世紀後半のことだが、ここにも、縄文の息吹は吹き荒れている。たとえば、伊勢神宮の神殿は唯一神明造《ゆいいつしんめいづくり》（神明造）と呼ばれている。素木《しらき》造りで、両側面に棟持柱《むなもちばしら》を立てたものだ。この様式は、すでに弥生時代後期の伊勢遺跡に存在した。滋賀県守山《もりやま》市と栗東《りっとう》市にまたがる巨大集落だ。ところが、この建築様式は、さらに時代をさかのぼり、縄文時代の北陸地方で、すでに採用されていたことが分かっている。伊勢神宮にも、縄文的な要素が組み込まれていた可能性がある。

もう少し、時代を下ってみよう。日本を代表する建造物に、桂離宮《かつらりきゅう》（京都市西京区桂）がある。十七世紀に建てられた。

昭和八年（一九三三）に来日したドイツの建築家ブルーノ・タウトは、日本を代表する建造物に伊勢神宮を挙げ、純真な形式、清新な材料、簡素の極致、明朗《めいろう》開豁《かいかつ》な構造に感銘を受けるいっぽうで、桂離宮にも伝統は継承されていたと語っている。その上で、桂離宮を「アテネのアクロポリスとそのプロピレアやパルテノンにも比すべきものである」と述べ、日本建築の真髄《しんずい》を知りたいなら、桂離宮を訪ねるべきだと、絶賛している（『タウト全集第一巻　桂離宮』篠田英雄訳　育生社弘道閣）。

確かな審美眼で、日本的な簡素な美を称《たた》えている。問題は、桂離宮が細工のない簡潔な造形であるにもかかわらず、「そぎ落とした雅《みやび》」を感じさせることで、世界のどこにもない、芸術的で、なおかつ深い静寂《せいじゃく》に包まれた空間を作り上げている点だ。日本だけにしかない造形である。中国人にはこのような「引き算ばかりしている建物」を造れないだろうし、ひょっとすると、彼らは美しいとも思わないのではないか。

問題は、なぜ、日本の建造物が、異彩を放っているのか、ということなのだ。伊勢神宮の唯一神明造が弥生と縄文の流れをくんでいて（もちろん、縄文の建造物も、海の外から影響を受けた可能性は高いのだが）、その「縄文という日本列島で育まれた高度に芸術的な文化、文明」の名残《なごり》を、われわれは知らず知らずのうちに、継承し、讃美しているのではないかと、ふと思ったのである。

■日本列島人のルーツ探し

この個性的な縄文文明を知るためには、まず、極東の島国に、いつ、誰がやってきたのかを知る必要がある。日本列島人のルーツ探しだ。特に、弥生時代から古墳時代にかけて、大量の渡来人がやってきたのかどうか、それは、どのぐらいの人数だったのか。そして、日本列島人は、渡来の波に呑まれてしまったのか、その様子を、まず明らかにしておこうと思う。

遺伝子研究がまだほとんど進んでいなかった一九八〇年代、日本人は「二重構造モデル」で説明されていた。東南アジアから旧石器人が日本列島にやってきて、縄文人(古モンゴロイド)になったが、弥生時代の始まりに北東アジアから寒さに適応し骨格も変化した新モンゴロイドが稲作を携えてやってきたという推理だ。稲作を始めた彼らは人口を増やし、先住民たちと混血を繰り返し「ヤマト人」に育っていった。ただし、列島の南と北では混血が進まず、縄文的なアイヌ人と沖縄人が残っていった、というのだ。

しかし、遺伝子をめぐる最先端の研究から、日本列島に押し寄せてきた人びとの顔ぶれは多彩で、しかも、東アジアの人びとと違う面が見えてきたのだ。日本人の成り立ちは、複雑怪奇だったことが分かってきている。

遺伝子解析は、長い間、母から子に伝わるミトコンドリアDNAと父から男子に伝わるY染色体《せんしょくたい》のふたつの解析を軸にしてきた。ミトコンドリアは構造が比較的簡単なために、Y染色体よりも先に解析が進んだ。有名な「人類(新人、ホモ＝サピエンス)は二十万～十四万年前のアフリカのひとりの女性から産まれた」という「イブ仮説」は、ミトコンドリア解析の結果だ。やがて、ヒトゲノムの解読が進み、遺伝子研究は、新たな段階に入っている。ただ、答えは出たのかというと、いっそう謎めいてきたのが本当のところだ。

ちなみに、遺伝は父親の持つ「YとX」の遺伝子と母親の持つ「XとX」の遺伝子からそれぞれどちらかを子がもらい受ける。父母のふたつの「X」をもらい受ければ、子は女性になり、父の「Y」と母の「X」をもらうと、男性になる。人間だけではなく、ほ乳類はそうなっている。そして女性の場合、「ふたつのX」は、互いの遺伝子の壊れた部分を補い合うことができるが、Y染色体の場合、単純にコピーが続いていく。もし途中で一部が傷ついても（突然変異）、Y染色体の場合は補修できないままだ。だから、Y染色体は、少しずつ壊れていって、短くなり（すでに多くのY染色体は損傷している）、子供ができなくなり、人類は滅亡するのではないかと心配されている。ただ、「だいじょうぶだ」という研究発表もあるようで、素人には、よく分からない部分だ。

■バトンタッチ方式の民族移動もある

それはともかく、ミトコンドリアDNA解析から、日本人のルーツは、明らかになったのだろうか。まずここで、「ハプログループ」について、説明しておこう。

遺伝子は、ある時間が経過すると、傷がつき（おおよそ数万年に一回）、突然変異を起こす。その変異し枝分かれした共通の遺伝子を持つ集団を「ハプログループ」と呼び、アルファベットでグループ分けをしている。また、アルファベットのハプログループの中でも、細分化していくが、アルファベットのあとに数字と小文字のアルファベットをあてがって、さらなる小グループを表示している（このあと出てくる「M7a」や「N9b」が、よい例）。

アフリカから出立《しゅったつ》した最古の人びとは、ハプログループのPとQで、南アジアの海岸線を伝って東南アジアにたどり着いた。氷河期だったため、海面が下がり、スンダランドという大陸が存在していたのだ（P161の図を参照）。オーストラリアの先住民はここを通っているし、住みついてもいた。また、スンダランドは日本にも大いにからんでくるので、覚えておいてほしい。

他方、東アジアの人びとの祖先（ハプログループMとN）は、そのあとアフリカを出て二手に分かれた。南進した人びとは、東南アジア、中国南部に、北に向かった人たちは、バイカル湖など北方アジアで暮らすようになった。

問題は、日本列島にどのハプログループがやってきたのかだ。日本人のミトコンドリアDNAは、東アジアの人びとと、よく似ていた。ただし、M7aとN9bは、東アジアにほとんど存在しないという興味深い結果が出ている。M7aは沖縄、関東、北海道に、N9bは、東北日本に多かった。ここに、大きな謎が隠されている（東アジアを素通りして直接やってきたのだろうか）。

ここで指摘しておきたいことがある。Y染色体と比べて、ミトコンドリアDNAは、地域ごとに偏りはあるにしても、ほぼ多様な遺伝子が混ざっていることだ。

「人びとの移動」「民族の移動」と聞くと、大勢で他の地域に移動していったイメージを浮かべがちだ。たとえば、集団でマンモスを追っているうちに、日本列島にたどり着いてしまったという考えがある。いかにもありそうなことだし、可能性は高いかもしれないが、この移住パターンだけでは説明がつかないのが、ミトコンドリアDNAの多様性なのだ。

説明は可能だ。人びとが集落を各地に造ったあと、女性が嫁に出され、集落を離れることがあったと考えられている。つまり、男性優位社会では、女性が隣村に嫁入りし、さらに、生まれた娘が嫁に出るということを繰り返しているうちに、ミトコンドリアDNAは、多様性を帯びていった可能性が高いのだ。バトンタッチ方式のミトコンドリアDNAの移動である。

東アジアでは、父系社会の傾向が強いといい(『遺伝人類学入門』太田博樹　ちくま新書)、女性が隣の集落に嫁に行くパターンが多かったと考えられている。

したがって、ミトコンドリアDNAだけをとりあげても、日本人のルーツが分かるわけではない。ただ、M7aとN9bという特徴的なミトコンドリアDNAがみつかったことは、興味深い。

■Y染色体から分かること

そこで次に注目するのは、父から男子に継承されるY染色体である。

ちなみに、のちに触れるが、中国の女性のミトコンドリアDNAも雑多に混じっているが、Y染色体は、極端に混じりっけがないという不思議がある。なぜ、ミトコンドリアDNAは多様性に富み、Y染色体は、単純なのだろう。

そこでまず、日本列島人のY染色体の傾向を見ていこう。

Y染色体は、A〜Tの二〇のハプログループに分かれている。このうちアフリカに残ったのはAとBだけだ。いっぽう飛び出した人びとは、C系統、D・E系統、F〜T系統に分かれた。このうち日本列島にやってきたのは、C系統（C3、C1で、どちらもわずか）、D系統（D2）、N系統（わずか）、O系統（ある程度のO2b、少数のO3）、ごくわずかなQ系統だ。このうちC、D、Oの三つだけで、九割を占めている。この人たちは、何者なのだろう。

C系統の分岐は、二万八千〜二万七千五百年前で、東アジア、オセアニア、シベリア、南北アメリカ大陸に分布する。そのうちのC3系統は、ユーラシア大陸東部を北上し、シベリアを拠点に、一部は西に、一部は東に向かい、アメリカ大陸を目指した。C1は少数だが非常に特徴的だ。C1の系統はインドネシアに多く、東アジアには分布しない。直接東南アジアから黒潮に乗って日本列島に流れ着いた人たちと思われる。

Oは、日本男性の半数を占めている。そのうちO2bとO3のふたつが多く、前者は朝鮮半島と中国の華北《かほく》、後者は華南《かなん》に多く分布する。

また、朝鮮半島最南端の人びとは縄文人とよく似た遺伝子を持っていたことが分かっている。これらの地域はのちに「任那《みまな》」や「伽耶《かや》」「加羅《から》」と呼ばれる地域だ。このため、北部九州と朝鮮半島最南端は、同じ地域社会だった時代もあると考えられている（『日本人になった祖先たち』篠田謙一　NHK出版）。

D（D2）は、日本人男性の三〇〜四〇パーセントを占める。これは、日本人の特徴と言っても過言ではない。日本の周辺に、これだけ高い密度でD2が集まっている場所は、他にないからだ。彼らが縄文人の中心勢力と考えられている。新潟は四八パーセント、東京は四〇パーセント、青森が三九パーセント、静岡が三三パーセント、九州で二六〜二八パーセント、徳島で二六パーセントとなる。東側の数値が高い。

D系統は、日本列島ともう一カ所、チベットに多く残っていた。ふたつの地域は、大陸中央部の影響をあまり受けなかったという共通点でつながっている。

これに対し、渡来系に多いのはO系統で、ユーラシア大陸東部に集まっている。彼らの祖はアフリカを出たときにはK祖型で、東南アジアに移動し、NO祖型となって東アジア南部でO系統に分岐したようだ（漢民族に多いのは、O2aとO3）。

日本列島に流入したO系統は弥生時代以降に流入した可能性が高い。O2bは朝鮮半島で五一パーセントと、高い割合で存在し、東京では二六〜三六パーセント。O2a（わずか）とO2bを併せたO2系統としては、九州三六パーセント、静岡三六パーセント、徳島三三パーセント、青森三一パーセントである。また、O3系統は九州二六パーセント、徳島二一パーセント、静岡二〇パーセント、青森一五パーセント、東京一四パーセントだ。

興味深いのは、列島人の遺伝子は世界と比較すると多様で、さまざまな人びとが流れ着いていたことなのだ。アフリカを旅立った人たちの、ほぼすべての遺伝子が、日本列島に到達していて、このような例は、ほぼ他に例がないという。崎《さき》谷《たに》満《みつる》は、「高いDNA多様性を維持できたことは奇跡のようなできごとであった」(『DNAでたどる日本人10万年の旅』昭和堂)と指摘している。

■ヒトゲノム解析から分かること

遺伝子研究の分野では、さらに画期的な成果があがっている。平成十五年(二〇〇三)に、「ヒトゲノム(遺伝情報のひとつのセット)」が解読されたのだ。ミトコンドリアDNAとY染色体は、遺伝子情報のほんの一部だったから、より正確なルーツ探しが可能となったのである。

さらに日本では、国立遺伝学研究所の斎藤成也《なるや》教授の研究グループが、平成二十八年(二〇一六)に、縄文人のゲノムDNAの情報を決定することに成功している。サンプルとなった歯髄は、縄文後期から晩期の三貫地貝塚《さんがんじかいづか》(福島県相馬郡《そうま》新地)で出土した縄文人だ。

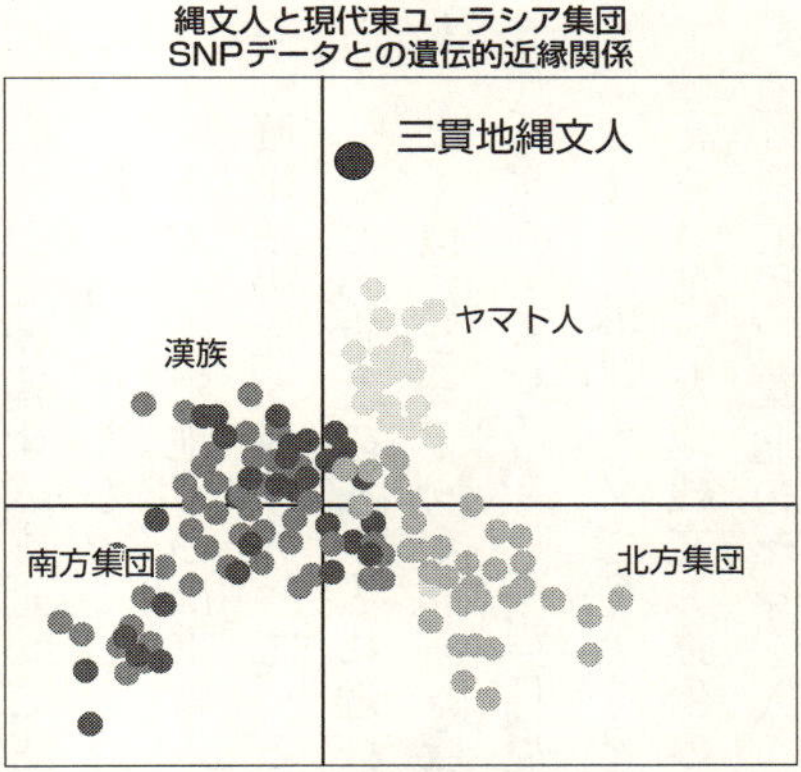

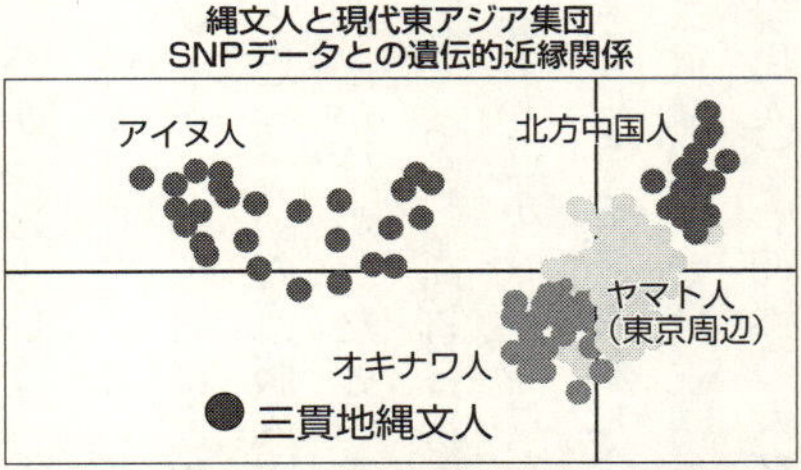

※『日本人の源流』斎藤成也（河出書房新社）掲載の図（P102）を参照

ヒトゲノムは九九パーセント以上が共通しているから、人それぞれでDNAの差が出る部分（ゲノム規模SNPデータ）を調べるのだ。その結果、どのようなことが分かってきたのだろう。これまでの常識は覆されたのだろうか。

結論を先に言ってしまうと、縄文人の遺伝子は中国や東南アジアとはかけ離れていたこと、彼らがどこからやってきたのか、むしろ謎が増えてしまったというのである（『日本人の源流』斎藤成也　河出書房新社）。

　縄文人の祖先は北方系か南方系か、という古くから交わされてきた議論がもはや通用しないような「きわめて特異な集団」で、かつて東ユーラシアに住んでいた人びとや南米人と近いことが分かったという。だから、縄文人の祖先さがしは、振り出しにもどってしまったというのである（前掲書）。

ところで、山陰地方の出雲《いずも》の人びとが、地理的に大陸や朝鮮半島に近いことから、渡来系の血が濃く入っていると思っていた斎藤成也だが、データを調べてみると、むしろ東北の人びとに近いことが分かったという。出雲地方の人びとは東北とよく似た「ズーズー弁」を話し、それを題材に松本清張は『砂の器』（新潮文庫）を書いているが、本当に遺伝子も近かったわけだ。

ただし、「東北だから縄文系か」というと、それほど話は単純ではなく、かつて唱えられていた「縄文と弥生の二重構造」では説明のつかない事態だと言っている。そして、東北のヤマト人（現代人）と沖縄の人びとが遺伝的に共通項を持っていることから、彼らは、縄文人の中でも先にやってきた人びとではないかと考えられる。

こうして斎藤成也は、三段階渡来説を提唱した。仮説を要約する。

●第一段階　約四万年前～約四千四百年前（旧石器時代から縄文時代中期まで）

ユーラシアのさまざまな地域から南北のルートを伝って日本列島全体にやってきた。氷河期には、陸がつながっていた。メインとなった人たちは、今の東ユーラシアに住んでいる人とは異なる。どこからやってきたか謎。そして一万六千年前、彼らは土器を造り始めた。

●第二段階　約四千四百年前〜約三千年前（縄文時代の後期と晩期）
日本列島の中央部に、第二の渡来があった。ルーツは分からないが、朝鮮半島、遼東《りょうとう》半島、山東《さんとう》半島の海の民か、あるいは園耕民《えんこうみん》（農耕が主たる生業ではなく、採集狩猟も生業としている人びと）の可能性がある。

●第三段階前半　約三千年前〜約千七百年前（弥生時代）
朝鮮半島を中心とした第三波の渡来人が押し寄せた。第二波とは遺伝的に近いが、少し異なり、水田稲作技術を持ち込んでいる。列島中央部の中心軸に沿って東に居住域を拡大していった。列島の南北の人間とは混血していない。

●第三段階後半　約千七百年前〜現在（古墳時代以降）
第三波の渡来民が、継続的にユーラシア大陸から移住した。第一波の渡来民は、北海道に移住、第二波の渡来人が東北に居住した。

また、近年の研究で、古墳時代に多くの渡来人が海を渡ってきていたことがわかってきた。

そこで残された問題は、現代の日本人の中に、どのくらいの割合で縄文人と渡来人の血や遺伝子が混じっているのか、である。

■渡来人が縄文人を圧倒したわけではない

斎藤成也は、現代日本人を構成する縄文的遺伝子の割合は一四〜二〇パーセントと推理している。この数字だけを見ると、縄文人は渡来系に圧倒されたように思えてくる。

しかし、速断は禁物だ。人類遺伝学者の宝来聰《ほうらいさとし》はミトコンドリアDNAの頻度データから、縄文系は三五パーセント残っていると指摘した。中国の研究グループも、二三〜四〇パーセントと推理した。

さらに、斎藤成也と同様に、ヒトゲノムデータを使った中込滋樹《なかごめしげき》の研究グループは、二二〜五三パーセントと指摘した。なぜ同じデータを使って差が出たのかと言えば、最大の理由は、斎藤成也がひとりの縄文人のサンプルを素直に「縄文人を代表する者」と捉えたのに対し、中込滋樹は、「西日本の縄文人も計算枠に入る推理」を働かせたからだ。まだ、結論は出ていないが、たったひとつの縄文人の遺伝子情報だけを頼りに、日本人のルーツを探す作業は、難しいということであり、中込滋樹の着想の方が、客観性を備えていると思う。

弥生時代の到来とともに、稲作技術を携えた渡来人が北部九州を圧倒し、あっという間に東に押し寄せたと、信じられてきた。しかし、炭素14年代法（較正年代）によって、弥生時代の始まりが紀元前十世紀後半と、常識よりも数百年さかのぼったことによって、北部九州から東に、稲作はゆっくり伝わっていたことが分かってきた。しかも、このあと述べるように、縄文晩期から弥生時代の始まりにかけて、北部九州に大量の渡来人が押しかけていた痕跡《こんせき》は見当たらず、むしろ、先住の縄文人が稲作を選択していたことも分かってきた。

そこで古人類学者の中橋孝博は、弥生時代初期の人口増加をシミュレーションし、渡来系の数が少なくとも、稲作を始めることによって、稲作民が人口爆発を起こしていたこと、「渡来系の末裔《まつえい》」の割合が増えていった可能性を示している。流れは、以下の通り。

少数の渡来人が北部九州にやってきて、稲作を伝え、縄文系住人と共存し、混血を重ねて定着した。稲作を生業とする者たちは、稲作を拒み狩猟を主な生業とする東側の人と比べると、人口増加率が高い。しかも、土地と水利を貪欲にもぎ取っていくようになったから、次第に、力をつけていった……。つまり、「少数渡来→人口増加率の差による人口比の逆転」が想定できるという。

仮に渡来系住民が人口比一〇パーセントとすると、一・三パーセントの人口増加率で、三百年後に、渡来系の血が全住民の八〇パーセントに達してしまう。人口比を〇・一としても、二・九パーセントの人口増加率に設定すれば、同じ結果が得られるという。

北部九州沿岸部に暮らしていた縄文人が積極的に稲作を受け入れ、そこに渡来人が混ざり、混血していく。渡来系の血を受け継いだ者も、日本的な風土の中で日本的な感性を育んでいったのだろう。

そこで、不思議な話を思い出した。理由は定かではないが、言語形成期以前に日本語を習得し、日常的に使うようになると、左脳が優位となり、それが日本人も外国人でも同じで、日本的な感性を身につけてしまうのだという（『日本人の脳　脳の働きと東西の文化』角田忠信《つのだただのぶ》　大修館書店）。成人してから日本語を習得しても、同じような結果になるらしい。日本で暮らすと、脳のレベルで変化が起きて、「日本人よりも日本人らしい」と、褒《ほ》められたりするのだろう（よくありがちではないか）。

こうして、縄文的で日本的な社会が、守られていった可能性があるが、この仮説の妥当性は、のちにはっきりとしてくる。

■革新的な中国文明と保守的な縄文文明

日本で本格的に稲作が始まったのが、紀元前十世紀後半のこととされ、夏王朝の始まりが紀元前二〇七〇年ごろとみなされているから、日本は中国文明に圧倒されてきたイメージがある。そして、長い間、「日本の文化はつねに大陸や朝鮮半島からもたらされた」と信じられてきた。

そう考えると、中国文明と縄文文明を並べることからして、「夜郎自大《やろうじだい》」と、非難されそうだ。しかし、中国文明と縄文文明は、進化のベクトルが正反対を向いているように思う。だからこそ、比較してみる必要があると思うのだ。

中国文明は「箍《たが》がはずれた文明」であり、かたや縄文文明は、「思いとどまった文明」というべきか、「野放図に欲望を解放してしまった中国文明」に対し、「進歩を恐れつつも、前進した縄文文明」だと思う。革新的な中国文明に対し、保守的な縄文文明である。

「革新と進歩に対し、保守なら、正しいのは中国文明」と、単純に切り捨てられては困る。「保守」は「守旧」ではなく、「改めるべきは改め、守るべきは守る」のが保守であり、ガンコに進歩を拒むことではない。

このあたりの事情は、第四章で再び触れるので、ここでは深入りしない。ただ述べておきたいのは、中国では、無我夢中になって、貪欲ともいえる姿勢で新しい文明を築き上げていったのに対し、日本列島では、つねに「進歩に対する恐怖、疑念」に苛《さいな》まれ、「進もうと思えば飛躍も可能だが、とどまることや後戻りすることも選択肢のひとつ」、そう言って、行ってはもどり、もどっては進みを、繰り返していたのである。

そのどちらが正しかったのか、「正しい」という言葉がはばかられるなら、どちらが「当たり前」だったのか、それをこれから考えていきたいのだ。

極東の島国だから、情報が伝わる時間差が生まれ、文明の発展が遅れたのだろうか（普通はそう考える）。それとも、日本列島人が、進歩を拒んでいたのか、進歩を恐れながらも、やむなく歩みを進めてきたのか。

これから述べるように、縄文人は確かに、進歩を恐れていた気配がある。稲作技術が伝わったとき、積極的に文化を取り込んだのは北部九州の縄文人だが、他の地域の人びとが「やろう」と決めるまでに、長い時間がかかった。ならば、それはなぜなのか、「人類の歴史」という視点からも、日本の歴史、縄文人の正体は、興味深いサンプルだと思う。

■日本にもあった旧石器時代

近年、縄文文化が見直され、また古代日本についても「すべての文物が海の外からやってきたわけではない」と考えられるようになった。縄文一万年の間に、固有の文化が生まれ、稲作文化も、縄文人が率先して受け入れたこと、しかも縄文文化は、古代日本のみならず、今日にも影響を及ぼしているのではないかというのだ。

それが何を意味しているのか、しばらく、縄文時代、弥生時代について考えてみよう。八万年から六万年前にアフリカを旅立ったホモ＝サピエンスは、世界中に拡散していった。その間、五十万年前にアフリカを飛び出したネアンデルタール人（旧人）との混血も、わずかながら行われていたようだ（残されたネアンデルタール人の遺伝子は、一〜三パーセント）。日本列島に人がやってきたのは、およそ三万八千年前のことだ（旧石器時代の第Ⅰ期）。最終氷期の最寒冷期で海水面が下がり、海峡が陸続きだった。歩いて、人びとはやってきたのだ。

彼らが旧石器人で、日本人の御先祖様だ。もちろん、このあと、長い時間をかけて、人びとは日本列島にやってくるのだが……。

ところで、中国の新石器時代から戦国時代に至る歴史は、日本とよく似ているという平勢隆郎《ひらせたかお》の指摘がある（『中国の歴史2　都市国家から中華へ　殷周　春秋戦国』講談社）。中国の発展は、以下のようになる。

①地域内に農村がいくつも存在する時代
②城壁都市（小国）ができあがり、その都市に農村が従う時代
③小国の中からこれら小国を従える大国ができあがった時代
④大国中央が小国を滅ぼして官僚を派遣し、文書行政を行った時代

たしかに中国の歴史は、日本の弥生時代、ヤマト建国、律令《りつりょう》制度時代への変遷《へんせん》と似ている。もちろん、中国が途中から先を走っていったのだが……。

しかし、似ていないところもある。たとえば、新石器時代は、農耕が始まる時代なのだが、日本は例外だった。旧石器とは打製石器（黒曜石《こくようせき》などを叩いて刃物

にする）で、新石器は磨製石器をさしている。どこに差が出るかというと、たとえば「石斧《せきふ》」がある。磨き上げた石を使用することで、効率が上がり、樹木を伐採《ばっさい》し、土地を開墾することが容易になった。だから、世界中で、新石器時代になると、農耕が始まったのだ。ところが日本の新石器時代＝縄文時代に、本格的な農耕は始まっていない。

ちなみに、日本の旧石器時代も異色で、局部《きょくぶ》磨製石器がすでに生まれていた。それを発見したのが、桐生《きりゅう》（群馬県）で行商をしていたアマチュア考古学者・相沢忠洋《ただひろ》だった。当時、日本には旧石器時代はないと信じられていたが、昭和二十一年（一九四六）、相沢が岩宿《いわじゅく》（群馬県みどり市笠懸町《かさかけまち》）の丘陵《きゅうりょう》地帯を歩いていて、がけの断層の赤土の中から、石器を発見した。赤土は火山灰の風化土壌で、関東ローム層と呼ばれている。約三万年前の地層だった。

相沢は昭和二十四年（一九四九）にも、黒曜石のヤジリをみつけている（『「岩宿」の発見　幻の旧石器を求めて』講談社文庫）。ただし、これがなかなか学界に認められなかった。その理由はいくつもある。

まず第一に、相沢が学者でなかったことが大きい。学閥に守られることもなく、軽んじられた。第二に、火山活動が活発な当時の日本列島に、人が住んでいたはずがないという学界の常識が邪魔になった。さらに、「遺物の中に局部磨製石器が混ざっていた」ことが挙げられる。当時の常識では、磨製石器は新石器時代のものだった。その後しばらくしてようやく相沢忠洋の主張は認められるようになり、のちに鈴木《すずき》遺跡（東京都小平《こだいら》市）で、旧石器時代の局部磨製石器がみつかり、相沢の発見が評価されるようになったのである。

旧石器人が、ムラを造っていたことも分かっている。赤城山麓《あかぎさんろく》の下触牛伏《しもふれうしぶせ》遺跡（群馬県伊勢崎《いせさき》市）は、三万五千〜二万八千年前のものと分かっている。古墳時代の竪穴式住居を発掘していて偶然みつかった。古墳時代の人びとが関東ローム層まで地面を掘っていたために、旧石器が顔を出していたのだ。直径五〇メートルの正円形に住居が建ち並んでいた。定住していたわけではなく、狩猟のベースキャンプと考えられている（『赤城山麓の三万年前のムラ　下触牛伏遺跡』小菅将夫　新泉社）。

■旧石器古道の不思議

旧石器時代の第Ⅰ期を特徴づける文化は、次の四つだ。①三種類のナイフ形石器が存在したこと、②すでに局部磨製石器があったこと、③環状の巨大なムラが存在していたこと、④石器を造るための石材に恵まれていたことだ。

また、この時期の文化圏は、ひとつにまとまっていた。日本海側から信濃《しなの》川をさかのぼって、佐久《さく》(長野県佐久市)のあたりから碓氷峠《うすいとうげ》を下り、旧利根《とね》川が東京湾に注ぐラインを「旧石器古道」と呼び、旧石器時代の局部磨製石器の多くが、この周辺でみつかっている。しかも、「最初の日本列島らしさ」「日本らしさの種」が播《ま》かれていたのだ(『旧石器時代人の知恵』安蒜《あんびる》政雄　新日本出版社)。そしてこのあと、旧石器古道が、大きな意味を持ってくる。

ところが第Ⅱ期に入ると、環状のムラと局部磨製石器が消滅してしまう。最終氷期最寒冷期にさしかかっていて、文化は衰退してしまったのだ。ただ、第Ⅲ期になると、南方系の人びとが九州を経由して大量に流れ込んできた。彼らは東に向かったが、旧石器古道まで来て移動をやめる。そして、同時期に北海道から北方系の移住者があり、やはり旧石器古道のあたりで歩みを止める。こうして、旧石器古道の両側に、それぞれの勢力圏が生まれたのだ。東アジアで東西に分かれ、ぐるりとまわってきたふたつの石器文化が、日本列島の北と南から流れ着き、やはり旧石器古道のあたりで衝突し、日本列島を二分する文化圏を形成するようになったわけである。

※『旧石器時代人の知恵』安蒜政雄（新日本出版社）掲載の図（P214）を参照

関東の「だべ」「だっぺ」の方言が、おおよそ旧利根川の北側（栃木県、茨城県、千葉県北部〈下総《しもうさ》〉）だったのは、ひょっとすると旧石器時代から継承された文化圏ゆえかもしれない。ただし縄文時代になると、この東西の分岐点が西の関ケ原《せきがはら》（岐阜県不破郡関ケ原町）付近にずれていく。

旧石器時代の後半、細石刃《さいせきじん》が登場する。長さは二〜三センチメートルだ。これを、槍やナイフにする骨や木に並べてはめ込み、獲物を突いていたのだ。画期的なのは、刃がこぼれても、替えられることで、現代風に言えば、「カッター」のような利便性があった。しかも、北海道で多くみつかっているが、この技術革新が、ベーリンジア（ベーリング海が陸化していたところ）を経由してアメリカに伝わっていた。

このような旧石器人の活躍も、無視できない。そして、この「石の文化」が縄文時代へとつながっていくのだ。

■縄文時代の常識を覆した三内丸山遺跡

この旧石器人が、約一万六千年前に土器を焼く技術を手に入れて（あるいは発明して）縄文人になっていく。また、縄文一万年の間に、人びとの流入もあった。そのこともあり、新石器時代の列島人をひとくくりに「縄文人」と決め付けるのは、危険極まりないのだが、おおよそ同じ似通った文化を築き上げ、共通の習俗を身につけていった人びとだから、「縄文人」と呼ぶことにしておく。

縄文時代は紀元前四〇〇〇～前五〇〇〇年ごろに始まったと考えられてきたが、炭素14年代法によって、一万六千年前に始まっていた可能性が出てきた（青森県の大平山元Ⅰ遺跡《おおだいやまもといち》から出土した無文土器片《むもん》）。縄文土器は、世界最古級の土器であり、日本で土器が生まれた可能性もある。温暖な気候になって、縄文文化が花開いたようだ。

縄文時代を通して、多くの人びとは日本列島の東側に暮らしていたことも分かっている。西日本は、南部九州の巨大火山の爆発で、長い間人が住めなかったことも、大きな原因かもしれない。だから、人口は東が多かった。

縄文文化が栄えたのは、日本列島の東側だった。その名残はある。東西で嗜好《しこう》や文化、言語に大きな差がある。その境界線は関ケ原（不破《ふわ》の関）や名古屋と富山をつなぐ高山本線あたりとされている。

東日本の縄文遺跡は、西に比べて巨大だ。もっとも有名なのは、三内丸山遺跡《さんないまるやま》（青森県青森市）だろう。すでに江戸時代から、「ここに何かある」ことは知られていた。土器や人形（土偶《どぐう》）がゴロゴロと出てきていたからだ。十八世紀末に描かれた土器と土偶のスケッチが残されている。

発掘の結果、今から五千五百年前から四千年前に至る千五百年にわたって人びとが住み続けていたことが分かった。縄文時代の千五百年というと、あまりピンとこないが、今から同じ年月をさかのぼると、古墳時代の終わりごろ、聖徳太子が生まれる直前から今までの期間、人びとが生活していたという計算になる。

三内丸山遺跡の調査責任者・岡田康博《やすひろ》は、三内丸山遺跡の特徴を三つのキーワードで説明する（『縄文文化を掘る』NHK三内丸山プロジェクト・岡田康博編　NHKライブラリー）。

①大きい

遺跡の推定範囲は、約三五ヘクタールで、東京ドーム七個分、最大級の縄文遺跡だ。しかも、計画的に道路、住居、墓、倉庫、貯蔵穴、ゴミ捨て場が配置されていた。

②長い

土器の編年から、縄文時代前期から中期にかけて約五千九百年前から四千二百年前の約千七百年間、遺跡が継続していたことが分かった。

③多い

出土遺物の量が、厖大《ぼうだい》だった。縄文遺跡の宝庫である青森県全体の四十年分の遺物が、ひとつの遺跡から出現した。

たしかに三内丸山遺跡発見のニュースは、大きな衝撃だった。狩猟生活に明け暮れていた原始的な縄文時代という常識を、打ち破った。

ただし、多くの考古学者は、意外にも冷静だった。この高度な縄文文化は、一般の人に知られていなかっただけで、「それ以前から分かっていたことを、再確認しただけだ」とすましていた。もっとも、だからといって、三内丸山遺跡の価値が低いわけではない。いろいろなことが、分かってきた。

■縄文時代には階級の差もあった

三内丸山遺跡でクリの栽培をしていた可能性が出てきた。クリのＤＮＡが、特定のパターンで揃っていたのだ。縄文尺（長さの規準、三五センチメートル）も存在した。

交易をしていたことも分かってきた。黒曜石は北海道や長野県霧ヶ峰《きりがみね》などのものを使い、接着剤には秋田県からアスファルトを、ヒスイは六〇〇キロメートル離れた新潟県糸魚川《いといがわ》から求められた。

また、四千年前の三内丸山遺跡から出土した円筒《えんとう》土器と同型のものが、中国でみつかっている。三内丸山遺跡ではないが、山形県遊佐町《ゆざまち》の縄文後期の三崎山《みさきやま》A遺跡から、殷代の青銅製刀子（小刀）がみつかっていることも無視できない。山形県鶴岡市羽黒町《はぐろまち》の縄文中期の中川代《なかかわだい》遺跡から、甲骨文字風の記号が刻まれた有孔《ゆうこう》石斧がみつかり、さらに青森県東津軽郡《ひがしつがる》外ヶ浜町《そとがはままち》の縄文晩期の今津《いまづ》遺跡から、古代中国の「鼎」にそっくりな三本脚の土器がみつかっている。縄文時代の東北と殷王朝の間に、何かしらの交流があった可能性が高い。大海原《おおうなばら》を果敢に往来する海人《あま》がいたわけだ。

彼らは、日本海を時計回りに走り回っていたのではないかと推測されている。北海道の西海岸、サハリンの西海岸、シベリアの東北部との交流が盛んだったか

三内丸山遺跡。復元された大型掘立柱（左）建物と発掘された大型掘立柱建物跡（上）
（青森県教育庁文化財保護課提供）

らだ。この時代の文化の流れは北から南で、中国と九州を通じて交流があったのではなく、日本海をぐるりと右回りする航路が想定可能なのだ。

縄文時代、すでに階級の差があったことも分かってきた。三内丸山遺跡の環状配石遺跡から土坑墓《どこうぼ》がみつかっている。ただし、強い首長が生まれたのではなく、「不可分の信仰・儀礼の分化を伴う点」に特徴がある（『縄文式階層化社会』渡辺仁《ひとし》　六一書房）。

建物の大きさも無視できない。各地の日本海側の縄文遺跡から、巨大木造建造物が多くみつかっているのだが、三内丸山遺跡も例外ではなかった。

遺跡の中から、幅一五メートルの道路もみつかっている。集落の北西のはし、台地の縁《ふち》に大型掘立《ほったてばしら》柱建物跡がみつかっている。直径二メートル、深さ二メートルの柱穴が、四・二メートル間隔で三本、二列存在し、それぞれの穴に直径一メートルを超えるクリの巨木木柱が立っていたことが分かった。

この建物は、いったい何だろう。六本柱のトーテムポールのようなものではないかと、推理が生まれた。諏訪大社《すわたいしや》（長野県諏訪市、茅野《ちの》市、諏訪郡下諏訪町）の御柱《おんばしら》のようなイメージだ。

ところが、詳しく調べてみると、原始的な塔のような建物だった可能性が高くなった。それぞれの柱が、内向きに二度ずつ傾いていたからだ。土台に砂と粘土を入れて、固く叩いて、上層構造を備えていたと思われる。

柱穴の土壌を調べてみると、一平方メートルあたり一六トンの荷重がかかっていたことが判明し、高さ一七メートルほどの柱が立っていたことも分かった。そこで、高さ一四・七メートルの巨大タワーが復元されたのである。

このタワーの脇には、長細い大型住居も存在する。長さは三二メートル、幅九・八メートルの楕円形で、集会場か、真冬の作業場ではないかとも考えられている。

■縄文時代に対する評価

三内丸山遺跡の発見によって、一般の人びとの縄文時代に対する見方は、劇的に変化したと思う。そして、何もかも大陸や半島からやってきたという発想も、このころから急激に方向転換したように思う。日本人のアイデンティティを縄文人に求める機運も高まってきた。そこでもう少し、縄文時代について考えておきたい。

縄文人の実力が侮れなかったことが、知られるようになった。とは言っても、日本列島の人たちは、新石器時代に突入したあと、農耕を積極的にとり入れようとはしなかった。ここに大きな謎が隠されている。

世界では、新石器時代とともに、農業を始めていたにもかかわらず、である。その理由は、よく分かっていない。縄文時代の日本の食料事情が「恵まれすぎていた」ことも、一因だろうか。

三内丸山遺跡。食事の再現風景（上）と浅鉢型土器に盛られた食材（復元）
（青森県教育庁文化財保護課提供）

考古学者の間にも、いろいろな考えがある。縄文時代は、余《よ》剰《じょう》生産や拡大再生産ができない不安定な時代だったという人もいる。縄文時代は発展の時代で、経済と文化が蓄積され、稲作を受け入れる準備は進んでいたという考えや、縄文時代は時代の橋渡し役ではなく、資源を巧みに分け隔てなく利用した安定の時代、とする考えもある。手放しで礼讃する必要もないし、気候の変化に大きな影響を受けただろうが、しぶとく生き残り、独自の文化を完成させたことは、間違いない。

広瀬和雄は『縄紋から弥生への新歴史像』（角川書店）の中で、次のようにまとめている。

①大自然を熟知し、食料獲得体系が確立していた。ドングリやクリなどの堅果《けんか》類《るい》を中心とした植物採取に、狩猟、漁労を組み合わせ、多くの自然資源を取り入れていた。

②食料獲得の季節性に順応し、貯蓄する技術を確立し、均等に配分するリーダーを生み出していた。

③クリやヒョウタンなどを管理、育成、栽培し、食品を加工していた。

として、その上で、縄文人は自然に順応するだけではなかったと指摘したのである。

小林達雄も縄文時代の知恵に注目している。縄文人が食料を計画的に採取し保存していたこと、自然の変節に対応し、安定した生活を送っていたことを指摘している。季節ごとの増減を繰り返す植物や動物資源を、自然の流れに乗り、計画的、積極的に活用していったという。これを「縄文カレンダー」と名付けている(『縄文人の世界』朝日選書)。

縄文人は縄張りを守り、狩猟採集を中心とする生活を送っていたが、だからといって野蛮だったわけではない。

■漆技術は日本が先?

縄文時代は、本格的な農耕を選択していなかったが、決して文化が後《おく》れていたわけではない。そのいい例が、「漆《うるし》」である。

「漆器」を英語で〝Japan ware〟とも呼ぶのは、漆が日本の伝統文化として、西洋の人びとに認知されていたからだ。とはいっても、これは中国から伝わったものと、近年まで信じられていた。

漆技術の起源は、中国長江(揚子江《ようすこう》)流域に求められていた。浙江《せっこう》省の河姆渡《かぼと》遺跡出土の赤漆塗りの椀《わん》を炭素14年代法で調べた結果、約六千二百年前のものと分かった。縄文時代前期の鳥浜《とりはま》貝塚（福井県三方上中郡若狭町《わかさちょう》）出土の赤色漆塗りの櫛《くし》と、ほぼ同時代で、中国から漆の技術がもたらされたと考えられていた。しかし、奇妙なことがあった。それは、日本では、黒漆も使っていたことで、これは独自なものと指摘されていたのだ（『古代史復元2　縄文人の生活と文化』鈴木公雄編　講談社）。たしかに古い中国の漆器は赤く、黒漆を用いたものはない。そして、平成十三年（二〇〇一）八月、北海道南部の函館市垣ノ島《かきのしま》B遺跡から、九千年前の世界最古の漆器が発見され、日本の漆器が先だったことが明らかになった。

また、約一万年前の日本列島の地層から、漆の樹木がみつかっている。漆が自生していたのだ。漆は、縄文人が中国に伝えた可能性すら出てきた。ちなみに、朝鮮半島最古の漆製品は紀元前四世紀のもので、やはり、日本から伝わった可能性が高い。

日本文化は、ことごとく海の外からもたらされたと信じられてきたし、先進の文物《ぶんぶつ》をもらい受けてきたと漠然《ばくぜん》と考えられていた。しかし、日本側からも文化は発信されていたし、先進の文物を（恵んでもらうように）一方的にもらい受けていたわけでもない。対等な交易があったはずだ。

四世紀末から五世紀にかけて、朝鮮半島北部の高句麗《こうくり》が盛んに南下策を採り、朝鮮半島南部の国々が日本の救援軍を求めてもいた。その際、彼らは何かしらの見返りを用意していたはずで、それが、中国から伝わってきた先進の文物だったろう。

ただし、新羅《しらぎ》の王冠に大量の勾玉《まがたま》ヒスイが飾られていたことも、忘れてはならない。日本側にも、交易品が存在したわけで、軍事力だけが日本側の優位性だったわけではないだろう。

■稲作を始めたのは縄文人？

一万年以上もの間、列島人は新石器時代でありながら、本格的な農耕を行わないという、謎めく行動を貫いていた。しかし、だからといって彼らが「劣っていたのか」というと、それは間違いだ。火焔《かえん》土器や土偶のように、世界の美術史の中でも傑作の部類に入る芸術品を生み出していたし（信仰の目的があっただろう

板付遺跡弥生館に展示されている遺跡の復元模型

が）、同時代の新石器世界と同程度か、むしろ上まわるほどの豊かな社会を築き上げていたのだ。縄文人は、決して野蛮人ではなかったことが、明らかになってきたのである。

とはいっても、「弥生時代になると、渡来人に圧倒されたのではなかったか」と、反論されそうだ。

たしかに、戦後長い間、それが考古学界や史学界の常識になっていた。今からおよそ四十年前に金関《かなせき》丈夫《たけお》は、次のように述べている。

われわれの日本民族の直接の祖型は弥生式文化なのである。われわれは弥生式文化の遺産をうけついでいるが、縄文式文化からは、直接に何らの遺産をも、うけていない。

この新しい、進歩した弥生式文化の根幹をなす諸要素が、朝鮮半島を経て、北九州地方にまず波及してきた、ということは、考古学上、疑いのないこととされている(『日本民族の起源』法政大学出版局)

ところが、発掘調査が進むにつれ、かつての常識は、次々と覆されていったのだ。北部九州の縄文人が稲作を選択し、積極的に受け入れていったことも分かってきた。

昭和五十三年(一九七八)から翌年にかけて、板付《いたづけ》遺跡(福岡県福岡市)の発掘調査が行われ、縄文時代晩期の遺跡から、水田遺構と木製の鍬《くわ》、石製の穂積具《ほづみぐ》(石包丁)、炭化したコメ(ジャポニカ)がみつかった。「縄文人が水田稲作をやっている」と、大騒ぎになったのだ。

遺跡から出土した夜臼式《ゆうすしき》土器は、刻目《きざみめ》を持つ突帯文《とったいもん》土器で、縄文土器の伝統を継承していた。問題は、同じ板付遺跡から、板付I式土器がすでに発見されていたことで、こちらは遠賀川式《おんががわしき》土器の最古のもので、弥生前期を代表する土器だった。そこで考古学者は、板付遺跡は過渡期の遺跡と判断した。

また、昭和五十四年（一九七九）に、夜臼式土器よりも古い縄文土器が出土する菜畑《なばたけ》遺跡（佐賀県唐津《からつ》市）で、水田の痕跡がみつかり、やはり縄文人のものとされたのだ（ただし、このあと水田は夜臼・板付I式まで時代が下ると報告は改められた）。この結果、縄文時代晩期と弥生時代前期が交錯して重なっていたことが分かってきたのだ。大量の渡来人が押し寄せ、稲作が始まったというかつての常識は、完璧に覆されたのである。

考古学者・金関恕《ひろし》（先ほどご登場願った金関丈夫の御子息）は、弥生時代の始まりを、最新の研究から、おおよそ次のように説明している（『弥生文化の成立』金関恕＋大阪府立弥生文化博物館編　角川選書）。

①稲は遅くとも縄文時代後期に日本に伝わって栽培されていた（ただし陸稲《りくとう》）。

②朝鮮半島南部との密接な交流があって、縄文人が必要な文化を取捨選択した。
③縄文人と渡来人は当初棲み分けを果たしていた。在地の縄文人が、自主的に新文化を受容した。
④まとまった渡来人の移住は、弥生時代初期の少しあと。

弥生時代の渡来人は縄文社会にじわじわと浸透して日本列島全体を弥生化していったわけではなく、むしろ縄文的な人びとに変貌（日本化）していった可能性すら出てきたのである。

■弥生土器に影響を与えた縄文土器

弥生土器も渡来系の影響で造られたと信じられてきたが、この常識も、疑ってかかる必要がありそうだ。その理由を説明していこう。

縄文時代晩期になると、西日本に縄文人が増えている。気候変動によって、東から西へ、人びとが移動していたようだ。東日本の縄文土器は縄文晩期前半に近畿地方に、晩期後半には一度動きは衰退したが、その直後、急激に動き出し、九州から奄美《あまみ》諸島へ、土器が拡散する。このとき、農耕が北部九州沿岸部で始まり、また東の土器が、弥生土器に影響を与えるようになった。

たとえば、壺形《つぼがた》土器は朝鮮半島の青銅器文化の壺形土器の影響と信じられてきたが、ふたつの土器の間に、技術的な隔たりがあったことが分かってきた。弥生時代開始直前に東北地方で壺形土器が増えていて、これが北部九州の土器とつながっていたのだ。弥生時代を代表する九州の遠賀川式土器の文様にも、東北地方の縄文晩期の土器が間接的な形で影響を与えているという（『縄文社会と弥生社会』設楽博己《したらひろみ》　敬文舎）。

稲作の東側への伝播も、一気にではなく、時間がかかっていたことが分かってきた。目に見えない「縄文の壁」が立ち塞《ふさ》がったというのである。

小林青樹《せいじ》は『歴博フォーラム　弥生時代はどう変わるか』（広瀬和雄編　学生社）の中で、縄文人が稲作を始めるには、大きな決断が必要だったし、いくつも障害があったという。

ひとりが決断しても、稲作は始められない。みなの協力を得なくてはならない。その上で、幾重《いくえ》にも、地域の壁が立ち塞がったといっている。南島、九州、中国地方と四国、中部、東日本、北海道だ。北部九州でさえ、弥生時代の条件を満たすすべてが揃うまで、約二百年を要したという。

弥生時代前期の関門《かんもん》海峡の東側では、縄文系の道具類を日常的に使っていた。最初の水田が北部九州に出現してから、関東に弥生文化が到達するまでに、約七百～八百年もかかっている。つまり、弥生時代の三分の二の時間は、縄文的な暮らしを守ろうとしていた人たちと、新しい文化を受け入れた人たちが共存していたというのである。

もうひとつ、興味深い指摘を紹介しておこう。稲作を選択した列島人は、このあと武器を手に取り戦争を始める。そのため、防御能力の高い環濠集落が造られていくが、日本中の集落が強固だったわけではない。玄界灘《げんかいなだ》沿岸部のものは頑《がん》丈《じょう》だったが、東に行くにつれ、それほど防御には、力を入れなくなっていったという。

西側の環濠はV字で、這《は》い上がることもできない設計になっているが、東に波《は》及《きゅう》していくと、環濠の形も変化し、傾斜がゆるやかになり、防衛力が落ちていくという。玄界灘沿岸部に、階層性が認められるのに対し、その他の地域とは、別世界だったというのである。その上で寺前直人《てらまえなおと》は、『文明に抗した弥生の人びと』（吉川弘文館）の中で、次のように語っている。

玄界灘沿岸社会は中国大陸を中心とする文明社会の縁辺であり、同じような水田稲作をいとなんでいた同時期の四国島や本州島とは異質な社会であったと解釈することもできる。

この発言は、無視できない。均質な弥生社会はなかったのである。

■弥生時代はなかった？

縄文土器から弥生土器への変化を「人工物の認知革命」と指摘し、ここに先史時代と日本史の本質的な問題が隠されていると説くのが、松木武彦だ。「弥生文化はあったのか」と、衝撃的な発言をしている（『美の考古学』新潮選書）。縄文土器は単純な調理具の枠にとらわれない、非対称的で、自由奔放《ほんぽう》で、芸術的な造形だ。呪具《じゅぐ》のようにも見える。ところが縄文時代の後期になると、変化が起きる。晩期には、水平方向へ、エンドレスな流れや、左右対称を維持していくようにな亀ヶ岡《かめがおか》式土器も、水平方向に向けて、平面的な文様が展開している。同様に、最古の弥生土器のひとつである遠賀川式も、木の葉のような文様を水平方向に反覆させている。

弥生時代の到来によって、土器のみならず、生活文化全般が、合理化されていった。これを松木武彦は「人工物の認知革命」と呼んでいる。

経済や社会の形と美の形とのあいだに生じたこのような因果関係のもっと踏み込んだ究明は、日本列島史や人類史の枠組にかかわる重要なことがら

（前掲書）

といい、日本列島の認知革命は、中国の黄河や長江の流域を源《みなもと》にして、朝鮮半

島などを経由して日本列島にもたらされたと指摘し、弥生時代とは、その波が東に向かって伝わっていった過程だったとする。

そして、いつから弥生時代が始まったかというと、一般的には、北部九州で稲作が受け入れられ、水田が生まれ、各地にその文化が発信され、広まっていったところに求められる。しかしここに、ふたつの大きな問題が隠されている。

まず第一に、「稲作が広まった」ことを「弥生文化」と呼ぶべきなら、朝鮮半島南部も「弥生文化圏」に入れるべきで、しかも北部九州沿岸部と朝鮮半島南部はこの時代、同じ無文土器を持ち、金属器を使っていた。文化は共通していたのだ。それにもかかわらず、ふたつの地域を分けてしまうのは、現代の国境の線引きが存在するからだ。

朝鮮半島南部と北部九州は、ひとつの文化圏に含まれ、自由に往《ゆ》き来する交易圏を形成していたことは間違いないし、朝鮮半島南部（のちに伽耶、任那になっていく）の人びとの先祖が縄文系だった意味が、ここにきて大きくなってくると思う。北部九州と朝鮮半島は、ひとつとみなさざるをえない。

もうひとつの問題は、北部九州から東側に稲作は伝わっていったが、北部九州以外の地域では、縄文的な文化が色濃く残っていたことだ。古い理・知・美は、覆されていなかったのである。

また、北部九州沿岸部のように、周囲を圧倒するような強い王（首長）も登場しなかった。これを設楽博己は「縄文系弥生文化」と呼んでいるが、松木武彦は、日本列島に均一な文化が広まっていなかったのなら、「弥生時代はなかった」のではないかと指摘している。

縄文的な文化と信仰が、北部九州の東側に色濃く残っていた事実を、見逃してはならない。こののちヤマト建国に際しても、縄文的な信仰と文化は、大いに威力を発揮する。ここに、縄文文明の力強さを感じずにいられないし、縄文的な文化に人びとがこだわったのは、「守旧」や「進歩の断念」ではなく、日本列島人の信念であり、深い思慮が隠されていたと思う。このあたりの事情は、第四章で再び触れる。

そこで次章では、中国と日本の「文明の差」について、考えておきたい。

第三章

森を失った中国文明・森を守り海を走る縄文文明

■森と文明

そもそも、文明とはなんだろう。進歩とは何かを考えてみたい。まず注目したいのは、森と文明の話だ。

古代メソポタミアの人類最古の叙事詩《じょじし》『ギルガメシュ』の中で、杉の森の番人で眠らぬ戦士フンババが登場する。その叫び声は洪水で、その口は火で、その息は死で、誰も森に近づかなかったという。ウルクの王で神と人間の子ギルガメシュは、友と共に森に行き、杉の木々を伐《き》り、杉の森の番人フンババを殺した……。

梅原猛《たけし》はこの物語を題材にして、戯曲を作っている。その中で、ギルガメシュは大自然に支配され奴隷《どれい》の状態にいた人間を解放する者として描いている（『ギルガメシュ』新潮社）。これは、青銅器文明による森林破壊の物語でもあり、中国もまた、青銅器、鉄器の出現とともに、森を破壊し始める。

人間と森が対立していたというメソポタミアの『ギルガメシュ』のような発想

15世紀の木版画より。伐採した木材を運ぶ人と、薪の火で金属を製錬する冶金師（History & Spacial Collections Division, Louise M. Darling Biomedical Library, University of California, LosAngeles）

は、日本人には理解しがたい。

古代ローマの大詩人オウィディウスは、文明が興る以前は森が豊かだったが、鉄器時代になると、山の木は切り倒されてしまったと嘆いている。冶金技術の発達によって、燃料が涸渇《こかつ》してしまったことは、世界中で起きていたことなのだろう。

ジョン・パーリンは、『森と文明』（安田喜憲・鶴見精二訳　晶文社）の中で、中国や他の大文明は、「もし膨大な数の森の木が伐採されなければ、けっして誕生しえなかった」という。木はテクノロジー革新の主役だったともいっている。燃料としての木材、建造物を支える木材、舟、武具、ありとあらゆる人間生活のために、樹木は必要だったのだ。樹木がなければ、文明は育たないし、文明が育てば、森が消えるという矛盾をはらんでいる。

ここで注目しておきたいのは、梅棹忠夫《うめさおただお》の『文明の生態史観』（中公文庫）である。文明と森の盛衰の関係を知るために、おさえておかなければならない理論だ。

梅棹忠夫は、日本が占めている位置の正確な座標軸を決めるために、世界を「東と西」や「アジアvsヨーロッパ」という常識的な区分けを取っ払い、新たに第一地域と第二地域を設定し、かつて唱えられた「進化史観（進歩は一本道という決め付け）」を一蹴《いっしゅう》している。

南北アメリカ、オーストラリア、ニュージーランド、南アフリカなどをはずして、アジア、ヨーロッパ、北アフリカまでを含む地域（旧世界）を横長の長円にたとえ、東西のはじっこに少しくっついている部分を第一地域、その他の大部分を第二地域とした。

第一地域は、ヨーロッパと日本で、近代化、西欧化に成功した地域だ。日本は

梅棹忠夫の示した第一・第二地域

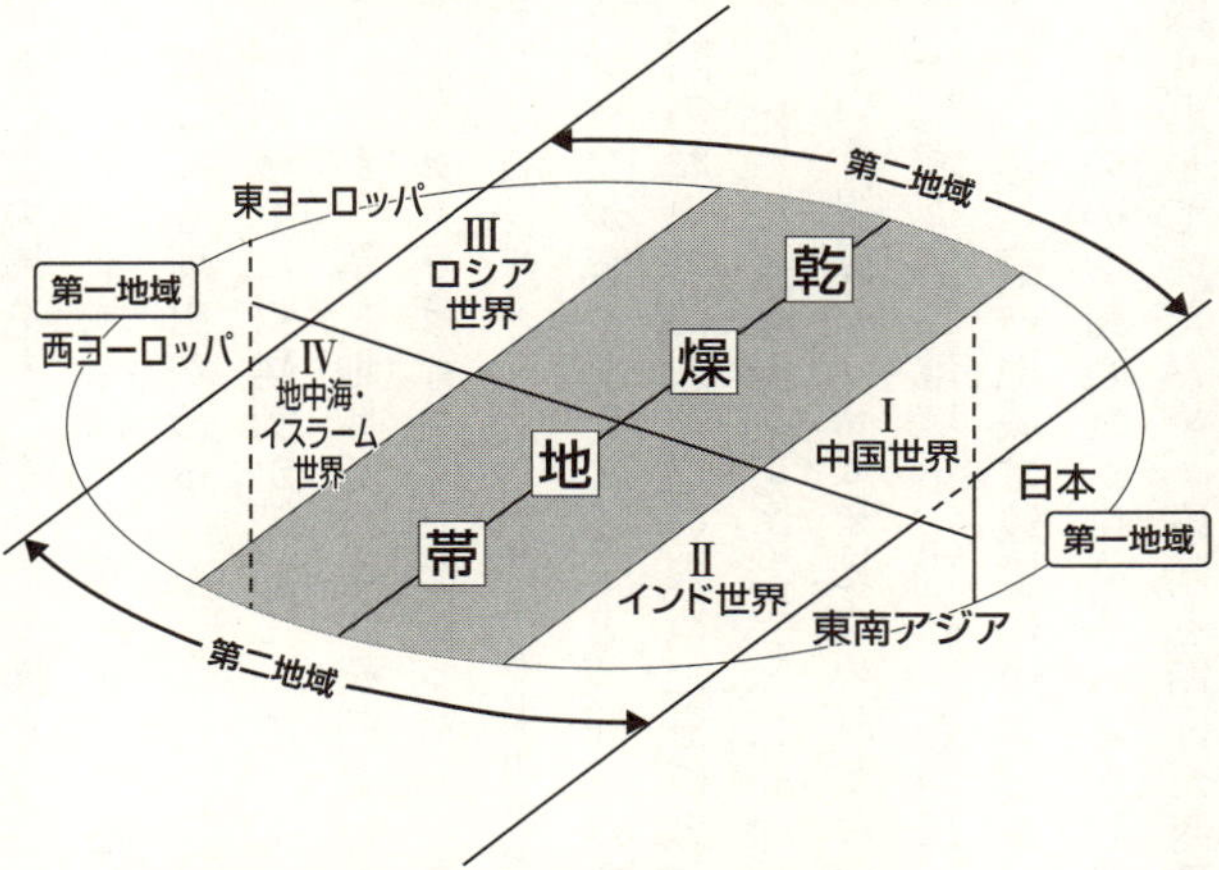

※『文明の生態史観』梅棹忠夫（中公文庫）掲載の図（P213）を参照

西欧の猿真似をしたわけではなく、両地域の近代を平行進化とみなす。同じ第一地域だったから、条件が似ていたというのである。

第二地域は、第二次世界大戦ののち勃興《ぼっこう》した地域で、それ以前、多くは植民地だった。また、さらにさかのぼると、古代文明が興り、巨大帝国があった場所でもある。ところが、第一次世界大戦によって、第二地域に残っていた帝国も、一掃《いっそう》された。また、第二次世界大戦後、第二地域では、独立戦争や革命が続いたのである。

そもそもふたつの地域は、生活

様式も社会の構造も、まったく異なっていたという。

現代の第一地域では、資本主義が発達し、第二地域では、資本主義体制は未熟だ。ここにも理由がある。

第一地域では封建制が続いていて、ブルジョワの実質的な力がすでに大きくなっていたが、第二地域では、封建制ではなく、主として専制君主制か植民地体制で、ブルジョワは育っていなかった。

すでに触れたように、「世界の東西の端」は近代化に成功したが、このようなブルジョワが育っていたことと、関係があるという。

人間の歴史の法則を追い求めた梅棹忠夫は、歴史における平行進化をみつけ出すために、生態学理論を応用し、「共同体の生活様式の変化」（生態学にいう遷《せん》移《い》）という視点で、歴史を見つめ直したのだ。

第一地域と第二地域を古代にさかのぼって比較してみると、第二地域は文明が発展したが、第一地域は辺境に過ぎなかったとされている。ただし、第一地域では、動乱ののち封建制が確立されるが、第二地域では、巨大な帝国が完成と破壊を繰り返していたため、段階を踏んだ封建制などの社会体制が未発達だったという。そしてこれが、生態学の応用問題になるという。

■乾燥地帯は悪魔の巣？

もう少し、梅棹忠夫の仮説を続ける。

旧世界の陸地の東北から西南にかけて、巨大な乾燥地帯が横たわる。砂漠、ステップ（河川や湖沼から離れた場所に広がる草原）に接して、森林ステップ（森林と草原の中間）やサバンナ（草原）がある。その乾燥地帯のサバンナに、かつて古代文明が育っていたのだ。もちろん、中国の黄河文明も含まれている。問題は、サバンナに隣接する乾燥地帯の人びとの凶暴なさまだ。梅棹忠夫は、「乾燥地帯は悪魔の巣」とまで言う。

なんべんでも、ものすごくむちゃくちゃな連中が、この乾燥した地帯のなかからでてきて、文明の世界を嵐のようにふきぬけていった（前掲書）

そのたびに、文明は被害を受けていたという。だから第二地域の歴史は、破壊と征服の連続だったというのである。

たしかに、中国黎明期の王朝も、この法則が当てはまる。殷、周の滅亡は、必ず「西側から押し寄せてきた波」に呑み込まれたという共通点を持つ。殷を倒したのは西方の辺境の部族集団「姫」で、殷の紂王を討つために中原に進出し、邑制国家をうち立てた。すでに触れたように、これが周王朝で、王は天帝の子「天子」を自称して、諸邑《しょゆう》を配下に組み込んだ。

周が東遷したとき、軍勢を率いて周王朝を助けたのは「戎族《じゆう》」で、それこそ西の彼方《かなた》の夷狄の部類に入る。馬や家畜の飼育を得意としていた。だから、軍馬を豊富に携えていたのかもしれない。彼らの末裔が東周のあと、中国を統一する秦になる。やはり、戦国時代も、西側の勢力によってひっくり返っていったのだ。

西側は、遊牧民が暮らす乾燥地帯だった。これはいったい、偶然なのだろうか。

梅棹忠夫は、第二地域の歴史を「破壊と征服」と言っている。暴力を排除できたときだけ栄える。建設と破壊の繰り返しで、一時的に立派な社会を築けても、内部矛盾によって、新しい勢力に入れ替わる。そして、近代に至り、ぬくぬくと順調に成長してきた第一地域に圧倒されてしまったのだというのだ。

　ここでまず問題にしたいのは、中国の場合、なぜ毎回文明が発達したあと、西側の乾燥地帯から、敵が現れ、王朝の交代が起きてしまうのか、である。

「森林」を中心に、ひとつの図式を描くことが可能だ。

「文明」は、木を食べ尽くす……。鋭利な刃物を発明し、樹木を伐採し、農地を獲得する。人口が増え、富を得て、樹木はさらに伐られ、建築や造船に用いられる。さらに、冶金のための燃料となる。

　製鉄の方法は異なるが、日本のたたら製鉄の場合、一回の作業で、一山丸裸になるほどの、木材（炭）を必要としたという。いくら広大な中国でも、都市の周辺の森林は、徐々に減っていっただろう。

　森を失うと、外敵を招き寄せることになる。中国の大地は、比較的平坦だ。森林を失えば、ゲリラ戦を展開できなくなり、都市の城壁にしがみつくしかない。あるいは、万里《ばんり》の長城《ちょうじょう》という狂気じみた土木工事を必要とする。

　これに対し、西方の乾燥地帯で牧畜を営む民にすれば、富み栄える都市国家（文明）は、垂涎《すいぜん》の的だ。文明国は、技術を隠し持つ。その利器や威信財が、他を圧倒し、繁栄を約束してくれるからだ。しかし、森を失った文明は脆弱《ぜいじゃく》だ。だから、細々と牧畜をして暮らしながら、馬を乗り回す遊牧民は、戦いを挑んだのだろう。こうして、王朝は交代する。

しかし、新たな王朝も、安心していられない。実力がものを言う時代になれば、いっそう金属器（利器）が求められる。強力な武器を用意し、周囲を支配する。そして、現れるであろう強敵に備える。そのために燃料を求めて、森林を伐り尽くしていく。草原が生まれ、大軍が現れれば、蹂躙《じゅうりん》されてしまう。だから文明国はさらに強力な武器と利器を求める……。この繰り返しが、中国の文明の盛衰だったのではあるまいか。

文明や殺戮《さつりく》と森林破壊の悪循環が、ここに始まった。そして、文明はさらに発展し、文明を守り奪うために、戦争は続いていったわけである。

■文明が森林を破壊した

文明が森林を破壊し、森林破壊が戦争を呼び込んだという仮説は、証明できるのだろうか。

ここで確認しておきたいのは、春秋時代中期以降戦国前期にかけて鉄器が普及し、産業が発達し、社会全般に大きな影響を及ぼしたことだ。

西アジアでは、低い温度で得られる鉄を鍛《きた》え、「やわらかい鉄器」にした。中国でも最初は似たような鉄器を造っていたが、炭素を足して低温で鉄を溶かす技術を開発し、鋳鉄《ちゆうてつ》にして「もろいが硬い鉄」にした。両者の中間に位置するのが鋼《はがね》で、このあと生産が始まる。

鉄器は、まず鉱工業を変えた。銅鉱山の効率が上がり、大規模な採掘が始まった。青銅器が一般にも広く浸透し、同時に漆器や陶器の分業と大量生産が可能になった。このため、大量の貨幣が鋳造され、商業が発展し、人も遠距離を往復し、貨幣経済が生まれた。

鉄器は木材の伐採、土地の掘削《くつさく》を容易にし、開墾を促す。樹木は伐り出され、農地が増え、農具が生産性を上げ、人口を増やす。溝を掘る効率も格段にアップし、灌漑《かんがい》事業が進み、さらに農地が増え、都市の人口も急増し、秩序そのものが激変した。また、漢字が普及し、文字を管理する役人も出現し、大国と周辺地域が情報をやりとりし、法も整備されていったのである。

森林が減り、一帯が乾燥化すると、黄土高原（黄河上流から中流域）の砂漠化も始まった。さらに、鉄器の普及は、意外な副産物を生んだ。農作業が効率的になり、生産者に時間を与えた。このため、春秋時代まで都市の民が狩り出されていた戦争に、変化が起きた。農民が戦争に徴用され、歩兵が戦力の中心になっていったのだ。

考古学者の菅谷文則《すがやふみのり》は、中国の森林破壊の原因のひとつに、古代王朝で盛んに行われていた「木槨墓《もつかくぼ》」を挙げている（『講座　文明と環境　第9巻　森と文明』安田喜憲・菅原聰編集　朝倉書店）。すでに新石器時代末期に中原地方や新疆《しんきょう》ウイグル自治区でも行われていたと言い、木材を柱状、板状に加工して棺《ひつぎ》を造り、土中深くに埋め、それを覆う家を造った。殷王朝と周王朝の支配者層も木槨墓を採用し、東周（春秋・戦国）を経て、秦王朝も、さらに大規模に大樹を用いて木槨墓を造り続けたという。

ところが、前漢中ごろに、王家は木槨墓を造らなくなる。代わって、石炭を用いて磚《せん》（レンガ）を焼き、これを使って墓を造るようになった。これを菅谷文則は、樹木の減少が原因ではないかと推測する。

> 築墓のための森林伐開が空閑地―豊かな耕地を生み出し、そこに高度の文明が発展してゆくと、人口増加を生み、死者の増加をも生み出し、さらに森林伐開をくり返してゆく（前掲書）

なるほど、興味深い指摘である。ただ、森林消滅の理由を、木槨墓だけに絞る必要はないと思う。

■森を食べ尽くしてきた中国王朝

中国王朝の歴史は、森を食べ尽くす物語でもある。その例を、いくつか拾い上げてみたい。

『詩経《しきょう》』に周の建国神話が残されていて、そこには、上帝が、落葉広葉樹林を開拓する神として登場している。周王朝以降の文明は、黄土大地の肥沃《ひよく》な場所で繁栄を誇ってきたが、周の王は、黄土高原（周原）の樹林を伐採して農地にする者でもあった。

喬木故家《きょうぼくこか》という四文字熟語がある。代々続いている家には、喬木（大いに茂った木）が残っている、という意味だが、もともとは孟子《もうし》が、

「長く続いた国家には、大木（樹林）ではなく代々仕えてきた家臣がいるものだ」

と語った故事によるという。となると、四文字熟語の意味が、孟子の本意とは違ってきてしまっていることになるが、問題は、孟子が大自然や樹木のありがたさを軽視していたと読み取れることだ。

『韓非子《かんぴし》』五蠹篇《ごと》に、興味深い一節がある。この文書は戦国時代末の思想家・韓非の言葉を集めたもので、「法家《ほうか》」の主張を集めている。「五蠹」とは、法治の妨害者を意味する。

それはともかく、話は以下の通り。


戦国時代の宋の国に、田を耕す男がいた。ウサギが走ってきて、自身で田

の中の切り株にあたり、首を折って死んだ。そこで男は、働かず鍬をすてて株を見守り、ウサギがぶつかるのを待った……。

結局幸運は二度と起きず、男は国中の笑いものになったというのだが、なぜ田の中に切り株があったのだろう。

宋は殷の祭祀《さいし》を継承している。殷の王は狩りばかりしていた。それは、獲物を供えて、上帝、先祖、山川を祀るためだった。だから豊かな森に分け入ったわけだ。古代の辞典『爾雅《じが》』に、宋に孟諸《もうしょ》という藪《やぶ》（豊かな森）があると記されているから、王は、殷王の真似ができたのだろう。ところが、春秋時代は寒冷期となり、狩猟・採集経済が成り立たなくなった。そこで、農地を開墾していた可能性が高い。しかも、為政者《いせいしゃ》が強制的に民に開墾を命じていた。

問題は、『韓非子』の例の話の中で、ウサギが走ってくる描写だ。どこからウサギは現れたのだろう。中国環境史家の原宗子《もとこ》は『環境から解く古代中国』（大修館書店）の中で、開墾は始まったが、まだ近くに豊かな森が残されていた証拠という。しかも農夫は、もともとは狩猟を生業にしていたのではないかと推理した。そして、『韓非子』で「国中の笑いものになった」といっているのは、昔の生業を懐かしみ、一発逆転のチャンスを狙っている性癖があって、「地道な暮らしぶりに馴染めない者」を、『韓非子』がいまいましいものと受けとめていたのではないかという。その上で、鉄器の普及によって森林伐採が進行し、耕地開発が激化したこと、野生動物が住む環境も激減した戦国期の環境変化を今に伝えていると指摘する。

環境変化とそれに対応しきれない人間の心の戸惑いとが交錯した、微妙な転換点の時代(前掲書)

その通りだろう。

鉄器の量産が始まり、田畑の開墾は急ピッチに進められ、富を蓄えなければ他国に滅ぼされてしまう。だから、さらに樹木を伐り倒し、鉄器を生産し、富を蓄えようとしたのだろう。森を食べ尽くす悪循環が、ここに始まったのである。

宋に森が残っていたからこそ、鉄器の普及と耕地開発が可能となり、それを進めていくうちに、森が減ってしまったわけである。『墨子《ぼくし》』は戦国末期の宋について、「長木（大木）なし」と記している。無残なことだ。

■自然を排除する中国文明

秦の始皇帝は前二二〇年から前二一〇年にかけて、五回領土を視察してまわっている。前二一九年から始まった二回目の巡行のとき、「長江中流域（楚）の森と開発（破壊）」にまつわる説話が出てくる。『史記』「秦始皇本紀」だ。

淮水《わいすい》（淮河《わいが》。河南・湖北両省の境から流れ下り、黄海と揚子江に注ぐ）を渡り湘山《しょうざん》（中国南東部、湖南省北部、洞庭湖《どうていこ》の中にある名山）の祠《ほこら》に船で至ったとき、嵐に遭《あ》い、先に進めなくなった。始皇帝は博士に、

「湘君とはどのような神か」

と尋ねた。博士は次のようにこたえた。

「堯帝《ぎょう》（『史記』「五帝本紀」に登場する神話の君主。五帝のひとり。儒家に神聖視された）の二人の娘は共に舜《しゅん》（堯帝に王位を禅譲された。五帝のひとり、「堯舜」と、並んで称えられた）の妃となりましたが、舜が亡くなられると、嘆き悲しんで、湘江に身を投げ、ここに祀られ、水の女神になりました」

始皇帝は（通行を妨害されたことを）大いに怒り、刑徒三〇〇〇人を動員し、湘山の樹木を伐採し、はげ山にしてしまった……。

この話、もともとは楚の地域で語り継がれていたらしい。秦への木材供給地となった事実を神話化したものかもしれない。長江の原生林が、強大な権力によって、伐採されていったのだろう。

『史記』には始皇帝が天下を統一したあと、受刑者七〇万人を動員して首都の咸陽《かんよう》の南側に巨大な宮殿・阿房宮《あぼうきゅう》を建設するために、四川省成都《せいと》周辺や長江流域と南側の木材をすべて集めたと記録されている。

中国の南側は照葉樹林帯で、広大な原始林が守られていた。しかし、北側の政権がわざわざ長江周辺の樹木を求めたということは、すでに秦の始皇帝の時代には、黄河流域、中原周辺の巨木が涸渇していた可能性を示している。

そして、神に行く手を遮《さえぎ》られたから森を根絶やしにするという行為は、日本人にはない発想だ。神（大自然）の怒りに震え上がり、丁重《ていちょう》に祀るのが、ごく自然な信仰心だからである。

上田信《まこと》は『森と緑の中国史』（岩波書店）の中で、現代に至っても中国の「自然の収奪」「自然の征服」は徹底していて、「中国の文明は、自然を完全に排除し、人工をもって代えるところにその本質があるのではないか」と述べている。その通りかもしれない。

始皇帝
（Bridgeman Images／時事通信フォト）

ところで、中華人民共和国は、植林を行っているのだろうが、中華人民共和国の特に北部は、極端に森林が少ない。畑は多く、防風、街路樹を目的として植栽されたポプラはところどころ見受けられるが、豊かな森林がない。砂漠は拡大し、水不足と工業用水、農業用水の確保のため、黄河断流という事態も発生している。

■共存を拒む漢民族

『荘子《そうし》』と言えば、老荘《ろうそう》思想の書だ。その中に、樹木にまつわる話はいくつか出てくる。その中でも樹木が伐り倒されるが、巨木だけが生き残ったという話が興味深い。なぜ巨木は助かったのだろう。それは、船を造れば傾き、棺桶を造れば腐ってしまうなど、役に立たなかったからだ、とある。役に立つ者はひどい目に遭う、というたとえでもある。器は中が空洞だからこそ意味がある（『老子《ろうし》』）と似たニュアンスだ。

ただ、台湾出身の文明史家、黄文雄《こうぶんゆう》は、次のように述べる。

中国人にとって、木というのは有用か無用か、その実《み》が食べられるか食べ

られないかという関心しかなく、樹霊《じゅれい》への信仰も鎮守の森などももちろんない（『森から生まれた日本の文明』ＷＡＣ）

そう考えると、『荘子』の一節も、ありがたさが半減する。

さらに、黄文雄は中国の文明を酷評《こくひょう》する。世界中の古代文明は、上流の森林を水源にして文明を築き上げたが、その森林資源を喪失して、文明は衰退したと説く。中国の場合、そこから人びとは流民《るみん》となって別天地を探し、「寄生文明」を生んだといい、現代の中国は禿《は》げ山だらけで砂漠化が昂進《こうしん》していると嘆く。黄土高原も、三千五百年前は、八〇パーセントが森だったが、三千年前の殷の時代には五〇パーセント、現在は六パーセントとなってしまった。

その上で、なぜ中国から樹木が消えてしまったのか、古典の中から理由をいくつも挙げている。その中のいくつかを、紹介しておこう。

●中国の書物や決まり事の中に「植林」の習慣が見受けられない。樹木を伐ってもそのままにしておくらしい。

●中国の聖人や賢人たちは、人びとを猛獣や毒蛇から守るために、山沢《さんたく》の森を焼き払っている。孔子が称えた王たちでさえ、そうだった。
●戦争が起きるたびに火を放ち、伐採した。
●瓦やレンガを焼くために樹木を伐採した。
●耕地を得るために伐採した。

そして驚いたのは、生水を飲む習慣がなかったから（飲めなかったから）、水を沸かして飲んでいて、それが「森林消滅最大の要因となった」という指摘だ。これは想定外の理由で盲点だった。そして何度も言ってきたように、冶金のための燃料に、森は消えていったのだろう。文明の発展とともに人口は増え、反比例して、森林は消えていったわけである。

なぜ中国の人びとは、森と共生できないのだろう。なぜ植林をしなかったのだろう。

そしてもうひとつ、驚くべき事実がある。中国の特殊性は、これだけではないのだ。漢民族の男性は、他者との共存を拒む人びとだった。それは遺伝子レベルで分かっている。

中国の男性のY染色体は、単純だ。ほとんどがO3系統で、彼らがいわゆる漢民族なのだ。その一方で、女性のミトコンドリアDNAは多様性を持っているわけだから、漢民族の男性（O3）は他の地域を攻撃し征服すると、敗れた先住の男性を追い払い、あるいは殲滅《せんめつ》して女性を奪い、子孫を増やしていったということになる。

おそらく、共存を拒否する漢民族を恐れ、多くの人が周辺に逃げていったのだろう。日本列島に逃れてきた人たちも多かっただろう。ちなみに、朝鮮半島も一時、漢民族（O3）に席巻《せっけん》されていたらしい。

樹木を失った大地では、ひとたび強大な勢力が出現すれば、起伏の少ない広大な土地を、大軍団が蹂躙し、ぺんぺん草も生えない状況が生まれ、敗れた側の男性が皆殺しになってしまうような悲劇が続いたのだろう。すでに触れたように、周の時代の金文によれば、王が、歯向かう敵は老いも若きも皆殺しにしろと、命じている。

漢民族に、「共存」という発想はない。殺さなければ殺される恐怖だけが、残されたのである。

■日本に樹木を植えたスサノヲ

　では、日本はどうなのだろう。なぜ、国土に豊かな森林が残ったのだろう。

　ここで話は日本の神話の世界に飛ぶ。主人公はスサノヲだ。天上界（高天原《たかまがはら》）で暴れ回った厄介者《やっかいもの》のイメージが強いが、熊野《くまの》に樹木を植えていたことは、あまり知られていない。

『古事記』には、アマテラス（天照大御神《あまてらすおおみかみ》、天照大神《おおみかみ》）とスサノヲ（建速須佐之男《たけはやすさのお》、素戔嗚尊《すさのおのみこと》）の誓約《うけい》の場面がある。両者の持ち物から、宗像三女神《むなかたさんじょしん》（多紀理毘売命《たきりびめのみこと》・市寸嶋比売命《いちきしまひめのみこと》・多岐津比売命《たぎつひめのみこと》）や正勝吾勝勝速日天忍穂耳命《まさかつあかつかちはやひあめのおしほみみのみこと》（天皇家の祖）が生まれ、最後にアマテラスの右手にまいた玉をスサノヲが嚙《か》んで噴《ふ》き出すと、熊野久須毘命《くまのくすびのみこと》が生まれたとある。

『日本書紀』に同じ神が「熊野櫲樟日命《くまのくすひのみこと》」の名で登場する。「クスヒ」は「櫲樟日＝クスノキ」であり「奇霊」の意味も含んでいて、樹木に対する信仰心が隠されている。

なぜ出雲のイメージが強いスサノヲから「熊野（紀伊半島）」にまつわる神が生まれたのだろう。熊野と言えば、大森林が残されている土地だ。

『日本書紀』神代《かみのよ》第八段一書第四に、次の話が載る。スサノヲが出雲に舞い下りる直前のこと、スサノヲは子のイタケル（五十《いそ》猛神《たけるのかみ》）を率いて新羅国の曾尸茂《そしも》梨《り》に舞い下り、言挙《ことあ》げして「ここにはいたくない」と述べ、埴土《はに》で舟を造り東に渡った。出雲国の川上の鳥上峰《とりかみのみね》（島根県仁多《にた》郡奥出雲町）に至り八《や》岐大蛇《またのおろち》を退治した。一方イタケルは、樹木の種をたくさん持って舞い下りた。韓《から》の地（朝鮮半島）には植えず、すべて持ち帰り、筑《つく》紫《し》から大八洲国《おおやしまのくに》（日本）に播《ま》き、青山（樹木が青々と茂っている山）にした。だからイタケルを

板絵に描かれたスサノヲ（八重垣神社蔵）

称えて「有功《いさおし》の神」とする。そして、紀伊国《きのくに》に鎮座する神となった。

ここでも、スサノヲの子が、熊野とかかわっている。

『日本書紀』同段一書第五に、次の話が載る。スサノヲが語って言うには、「韓《から》郷《くに》の島（朝鮮半島）には金銀（鉄や金属）がある。もし私の治める国に浮宝《うくたから》がなければよくない」。そこでヒゲを抜き、播くと、スギになった。胸毛を抜いて播くと、ヒノキになった。尻毛は「マキ（柀）」に。眉毛はクスになった。それらの樹木の用途を定め、予祝《よしゅく》した。

「スギとクスは舟にするのがよい。ヒノキは瑞宮《みずみや》（立派な宮殿）に、マキは棺の材料にするのがよい。人の食べる木の実の種は、たくさん播いた」

子のイソタケルと大屋津姫命《おおやつひめのみこと》と抓津姫命《つまつひめのみこと》も、協力して種を播いた。彼らを紀伊国に渡し、スサノヲは熊成峰《くまなりのたけ》（熊野か？）に滞在したのち根国《ねのくに》に入っていった……。

熊野の西の入口、和歌山市内（紀伊国名草《なぐさ》郡）に、伊太祁曽《いたきそ》神社が鎮座する。祀られているのは、スサノヲの子、五十猛神（イタケル）と妹の大屋都比売《おおやつひめ》、都麻都比売《つまつひめ》だ。イタケルが紀伊半島を緑にした業績は、古代人なら誰でも知っていたのかもしれなかった。

また、伊太祁曽神社の近くに「須佐」の地名が残るが、「須佐」は「須佐之男（素戔嗚尊）」に通じる。和歌山県有田市には、名神大社《みようじんたいしや》の須佐神社が鎮座し、スサノヲを祀る。ここがスサノヲ信仰の中心だったとされている。

■朝鮮半島には鉄が、日本には樹木が

スサノヲははじめ新羅にいて、のちに出雲にやってきたことから、「所詮スサノヲも渡来系」という漠然とした共通認識がある。しかし、弥生時代に倭人《わじん》が朝鮮半島南部の鉄資源を求めて押し寄せていたことは、中国の歴史書にも記録されている。

すでに触れたように、朝鮮半島南部と北部九州は、同一の文化圏に含まれていたのだから、スサノヲは鉄を求めて、日本海を往き来していた倭人に違いない。果敢に一帯の海を動き回っていたのは、倭の海人だからだろう。彼らが縄文的な風習を継承していたことは、次章で触れる。間違いなくスサノヲは、倭人であ

り、縄文人の末裔であろう。あるいは縄文人と渡来系の混血児の末裔＝日本列島人にほかなるまい。

朝鮮半島には鉄があるが、日本には「樹木」がある……。このスサノヲの言葉には、重要な意味が隠されていると思う。中国では、青銅器や鉄器の文明が栄え、森林を破壊し、耕地を増やした。人口は増え、乾燥した大地は再生する力を失い、さらに森林は消失していったのである。幸いにも、日本列島は湿潤な気候で山がちな地形だったがために、森は残された。

しかし、自然環境に恵まれているだけでは、森を守ることはできない。中世の日本では巨大建造物を造るための巨木が失われていたようだし、近世・近代の日本列島でも、森林の荒廃は起きていた。

おそらくスサノヲは、「金の宝＝鉄」を求めて朝鮮半島に渡り、荒涼《こうりょう》たる大地を目にし、戦い続ける大陸の人びとの様子を知り、とてつもない恐ろしさを感じとったのではあるまいか。さらに、冶金に必要な木材を日本列島で増やそうと考えたと思われる。スサノヲは、「日本は森を守れば生き残ることができる」ことと、「日本の優位性は森の再生能力」だということを知っていたに違いない。日

熊野の大森林と熊野古道。大門坂(和歌山県提供)

本が資源大国であることに、スサノヲは気付かされたのだろう。

ではなぜ、スサノヲは紀伊半島に注目したのか。古代人は紀伊国を「木国」と書いている。人が住む平地は、ほぼない。しかし、山に樹木を植え(最初は原生林だっただろう)、育った木を伐り、川に流せば、そのまま人の住む里に送り届けることが可能だ。あるいは、山中で炭にすれば、運搬も楽だっただろう。陸路で紀伊半島の山地に潜り込むのは至難の業《わざ》だが、海人なら、川をスイスイさかのぼったに違いない。

そもそも、まっすぐ伸びる大木を一

番欲しがったのは、丸木舟に乗る海人たちだったから、スサノヲは浮宝を求めたのだっただろうし、神話には、スサノヲが大海原を支配しろと命じられるシーンがある。スサノヲは、日本の海の大王なのである。その通り神話に描かれていた事実を、無視できない。海人の王だからこそ、海を渡り大陸や朝鮮半島の実情を見て驚き、日本の森を守ろうと考えたのだろう。

ここに、中国と日本の、「森」に対する発想の差を感じずにはいられない。なぜ、中国や古代文明の発祥地の人びとは、森を大事にしなかったのか。

考えてみれば、日本のように、神社など神聖な場所が森に囲まれているという光景は、世界を見渡しても、あまりないことに気付かされる。聖地の多くは人工的で、味気ない。しいて「森を連想する聖地」を掲げるとすれば、ヨーロッパの教会建築だろう。内部の柱が「森の情景」を象《かたど》っているという指摘があるが（理由は第四章にて）、だからといって教会の周囲を樹木が覆っているわけではない。

日本人は、森に守られ、森を守ってきた。ここに、彼我《ひが》の、決定的な差がある。そして、その原因を突きとめることはできるのだろうか。最大のヒントは、今述べた「海人」や「スサノヲ」にあると思う。

スサノヲは縄文の海人の系譜を引く人物で、スサノヲたちの深慮遠謀《しんりょえんぼう》によって、ヤマトは建国されたのだと、筆者は睨《にら》んでいる。

ここからしばらく、ヤマト建国に活躍した海人たちの歴史の話をしておきたい。

■王家の母系の祖は縄文の海人

ヤマト建国の話をしようと思う。「縄文文明」を考える上で、ヤマト建国は語らねばならぬ大事件だからだ。ヤマト建国に、「縄文的な人びと」や「縄文的な海人」が大活躍していたのである。

初代神武《じんむ》天皇の母と祖母のどちらも海神の娘だった。天皇の母系の祖は、縄文の習俗を継承する海人だった。

なぜ、初代天皇の母と祖母が、海神の娘だったのだろう。これまでほとんど注目されてこなかった話だ。「ただの神話。作り話」と、相手にされてこなかったのだ。しかし、神武天皇の宮（奈良県橿原《かしはら》市）の周辺に住みついたのも、九州の海人の末裔たちだった。とすれば、ここに何かしらの秘密が隠されているはずだ。『日本書紀』の創作」と切り捨てることはできない。

ここで、縄文の海人（海の民。漁民、航海民）たちの話をしておきたい。日本の歴史を考える上で、とても大切なことだからだ。縄文時代と言えば、土器や土偶、豊かな生活などの話が中心になりがちだが、海人の活躍はあまり知られていないし、縄文文明、日本文明の本質を知るためにも、避けて通れないのである。

日本列島は海に囲まれている。だから、孤立し、独自の文化が花開いた。しかし一方で、縄文時代のある時期から海人が活躍するようになって、大陸や朝鮮半島との交流が始まったのだ。すでに触れたように、漆文化や土器の往き来がある。そして、朝鮮半島と北部九州の人びとの、遺伝子がよく似ていた点も無視できない。この一帯こそ、海人たちの活躍の場だった。

縄文人たちは、交易の民だった。まず、縄文早期には、沿岸部で採取された魚介類や海産物の加工品を、主に河川を利用して内陸部に運んだ。直線距離にして六〇〇キロメートル、実質的には一〇〇〇キロメートル先まで移動している。

縄文後期、佐賀県腰岳《こしだけ》産の黒曜石は、約八〇〇キロメートル南方の沖縄本島

（仲泊遺跡）に運ばれ、新潟県糸魚川市のヒスイの大珠は、一一〇〇キロメートル離れた種子島《たねがしま》に、秋田県昭和町原産のアスファルトは、北海道函館市でみつかっている。縄文後期後半には、宮滝《みやたき》式土器（奈良県吉野郡吉野町宮滝遺跡出土土器が標式）が、近畿地方から東海地方に、さらに、新島、大島（東京都の伊豆諸島）にもたらされている。東北地方南部の新地《しんち》式土器（福島県相馬郡新地町小川貝塚出土土器が標式）が、関東地方と近畿地方でみつかっている。大海原を航海する海人が、すでに活躍していたのだ。

ところで東洋史学者の岡田英弘は、日本の海人は中国からやってきたのではないかと推理する。その理由のひとつに、第一章でお話しした「夏王朝の禹」が掲げられている。

夏の伝説の始祖王「禹」は、世界が水没するような大洪水から人びとを救ったという。治水を手がけ、新たな王家を開いたのだ。禹は蛇身《じゃしん》で、水の神＝竜でもある。岡田英弘は、夏人の祖は長江（揚子江）やその北側の淮河流域の先住民だった可能性が高いと指摘し、彼らは東南アジア系で、水や船の文化に精通していたと考える（『倭国』中公新書）。

長江の一帯は、呉や越となっていくが、岡田英弘は、彼ら(越人)が倭人の祖と推理している。越人は海を渡り、朝鮮半島や日本列島に移住し、海岸の低地を占領したというのだ。つまり、倭の海人は弥生時代に中国南部からやってきた海の民の末裔であり、商人だったとする。

■中国に知られていた優秀な倭の海人

夏王朝と倭の海人のつながりは、「魏志《ぎし》倭人伝」にも残される。

「その昔、夏の皇帝少康《しょうこう》の子が会稽《かいけい》(浙江省紹興《しょうこう》市地方)に封ぜられたとき、断髪して文身《ぶんしん》(入墨《いれずみ》)をし、蛟龍《こうりゅう》の害を避けたが、今、倭の水人《すいじん》も水中に潜《もぐ》るのに入墨をする」

とある。

せっかく夏王朝の話が出たから、周王朝と縄文人のつながりについても、ここでとりあげておく。

『晋書《しんじょ》』倭人伝に、倭人自らが「太伯《たいはく》の末裔」を自称していたという記事がある。太伯は紀元前十二世紀から前十一世紀ごろの人物だ。

太伯は周王朝の王子だったが、継承問題がこじれ江南《こうなん》に逃れ、その地の風俗にしたがい断髪文身し、蘇州《そしゅう》を都にして国を建てた（呉）

民族学者・歴史学者の鳥越憲三郎は、呉国が紀元前四七三年に滅んだことを重視し、彼らが稲作文化を携えて朝鮮半島や日本列島に亡命し、倭人になったという。「魏志倭人伝」にあるように、倭の海人も文身をしていた。つまりこれが、弥生時代の始まりというわけだ（『古代朝鮮と倭族』中公新書）。

しかし、弥生時代の始まりが紀元前五世紀ごろと信じられていたころは、この説は有効だったかもしれないが、炭素14年代法によって弥生時代が紀元前十世紀後半にさかのぼることが分かってきたため、素直に受け入れることはできない。ただし、中国と倭の海人が、何らかの関係でつながっていたことは、想像に難くないし、中国の人びとは倭人の中に優秀な海人が存在することを知っていたようだ。中国の歴史書や地理書の中で、しばしば「倭人」が登場するが、一貫して

「海の民」、南方系の習俗とともに語られている。
また、後漢時代の思想書『論衡《ろんこう》』に、次の記事が載る。やはり周の時代だ。

周の時、天下太平にして、倭人来たりて暢草《ちょうそう》を献ず

周の時代、倭人がやってきて、暢草（薬草）を献じたと言い、このあと「成王の時、暢を献した」という記事もある。紀元前一〇二〇年ごろの話で、縄文時代の晩期に相当する。倭人は、日本列島の人びとをさしているのだろう。島国の人びとが果敢に海を渡ってやってきたことに驚いて、記録したのだろう。
『後漢書《ごかんじょ》』「烏桓鮮卑《うがんせんぴ》列伝」に、興味深い話が載っている。

桓帝の時、鮮卑（燕。東北アジア）に檀石槐《だんせきかい》なる者がいた。（鮮卑の）勢力が強まり、人口が増え、食料が足らなくなった。檀石槐は川（烏候秦水《うこうしんすい》）を見て、魚を捕る人がいないことに気付いた。倭人がよく網で魚を捕ると知り、東に向かって倭人国を討ち、千余家を獲得し、移住させ、魚を捕らせた。

倭人が優秀な漁師だったことも、中国大陸に知れ渡っていたようだ。

弥生時代後期には、北部九州沿岸部の奴国《なこく》（福岡県福岡市と周辺）が後漢に使者を遣《つか》わし、金印をもらい受けている。海人たちの活動は、活発だったのだ。

問題は、中国大陸との間を往き来した海人たちが、岡田英弘の仮説通り、中国からやってきた人なのかどうかだが、彼らは縄文系だったと思われる。その理由を、これから説明していこう。

■弥生の倭の海人も縄文系

「魏志倭人伝」に描かれた弥生時代後期の倭人の習俗は、南方の海人のものに見える。

「男子は大小となく、皆黥面《げいめん》（顔にイレズミをすること）文身す」

「今倭の水人、好んで沈没して魚蛤《ぎょこう》を捕え、文身しまた以《もっ》て大魚・水禽《すいきん》を厭《はら》う」

男性はみな、イレズミをしているが、それは、海に潜って魚貝を捕り、大きな魚、サメなどから身を守るためだというのだ。また、諸国の文身には、それぞれ個性があるとも記録されている。

考古学的にも、北部九州や周辺の島々で海人が活躍していたことが分かっている。たとえば対馬《つしま》（長崎県対馬市）の縄文時代の佐賀貝塚から出土した遺骨に、潜水漁民によくある外耳道《がいじどう》の病理的骨腫《こつしゆ》がみつかっている。対馬、壱岐《いき》、西北九州、西九州、薩摩《さつま》西海岸で共通する海人の方言がある（『海人たちの足跡』永留久恵《ながとめひさえ》 白水社）。

『肥前国風土記《ひぜんのくにふどき》』松浦郡条に、第一二代景行《けいこう》天皇の行幸のときの値嘉郷《ちかのさと》（五島列島）にまつわる興味深い記事が載る。

島は八〇ほどあり、その中のふたつの島に土蜘蛛《つちぐも》（土着の先住民）が住んでいること、また船を停泊させる場所が二カ所あり、それぞれに二〇艘の小舟、一〇艘の大きな舟を停泊することができた。この島の海人は、馬や牛をたくさん飼っている。また容姿が隼人《はやと》（南部九州の人）に似ていて、つねに騎射《きしや》を好み、その言葉は俗人（肥前国の人びと）とは異なっている。

隼人は南部九州の縄文系の海人だ。体格は小柄（縄文的）で、騎射を得意としていた。

弥生時代以降も、九州北西部と周辺（対馬と壱岐も含む）の人骨は、縄文人的形質を保っている（『海人たちの足跡』）。

ではなぜ、島の海人が馬に乗ったかというと、海人は航海を終えて上陸すると、馬に船を曳《ひ》かせて川をさかのぼるからだ。日本の伝統的な馬が小さいのは、海人が舟に乗せるのに都合がよかったためだ。すでに絶滅した対馬の「対馬馬」は小型で、これとよく似た馬は、吐噶喇《とから》列島、与那国島《よなぐにじま》、韓国の済州島《さいしゅうとう》にいた。航海の要衝の島々で小さな馬が飼われていたのは、海人が求めたからである。

このように、北部九州の周辺には、南部九州の隼人によく似た海人が住んでいたことが分かる。しかも彼らは縄文的な海人だった。これは、とても大切な記録なのだ。

ならば、彼らがどこからやってきたのか、そのルーツ探しは可能なのだろうか。注目すべき遺跡が鹿児島県にある。

■縄文草創期に出現した不思議な遺跡

縄文時代と言えば、東日本で隆盛したと信じられている。それは間違っていないのだが、もっとも早い段階で、鹿児島県南部に、縄文文化が花開いていたことは、あまり知られていない。それが、上野原《うえのはら》遺跡（鹿児島県霧島《きりしま》市国分《こくぶ》）である。縄文時代草創期から早期にかけての遺跡で、すでに、このとき定住生活が始まっていて、他の地域に先駆けて平底の土器（円筒形）を用いるなど、最先端の技術を持っていた。南部九州は、日本列島の中でもいち早く照葉樹林と中間温帯林（クリやドングリなどが豊富）の豊かな森が形成されていた。ここに縄文文化が花開いた理由のひとつがある。

上野原遺跡で竪穴住居跡五二軒（同時代に集落を構成していたのは、一〇軒程度）、集石遺構三九基（石蒸し料理をするための施設）、トンネル状の小さな穴がつながっている連穴土坑《れんけつどこう》一六基がみつかっている。これは、薫製《くんせい》料理施設で、保存食を作る。土器は貝殻で模様を作り、平底で、筒形の貝殻文系円筒土器だ。九州で最古の土偶もみつかっている。板状の土偶で、「女性」であることを強調されている。縄文時代早期の段階で、南部九州に精神文化の発達が見られることは、多くの考古学者を驚かせたのである。

また、上野原遺跡の周辺にも、貴重な遺跡が目白押しだ。栫ノ原《かこいのはら》遺跡（南さつま市）からは、世界最古の丸木舟製作工具（丸ノミ形石斧）が出土している。海人が活躍していたことが分かる。

こうして、南部九州は、「早咲きの縄文文化」の異名をとるようになったのである。

ところが、南部九州の縄文社会は長続きしなかった。約七千三百年前、鬼界《きかい》カルデラ（薩南《さつなん》諸島北部）で事件が起きたのだ。日本列島の完新世《かんしんせい》（縄文時代）で最大の噴火である。一帯は火山灰で覆われた。南部九州の縄文人社会は、壊滅的な打撃を受け、人が住めるような植生が回復したのは、数百年後のことと考えられている。けれども、すでに文化は断絶し、北部九州系統の土器が流れ込んできたのだった。

南部九州の縄文人は、滅んだわけではない。多くは南に逃れ、また日本列島各地に散らばっていった。黒潮に乗って東に向かった人たちは、伊豆諸島にたどり着いた。

だからだろう。南部九州固有の縄文文化が、各地に伝播していった。南部九州で盛行した石斧が、広まっている。

南部九州で始まった集落構造や連穴土坑も広まった。丸木舟を造るための丸ノミ形石斧とよく似た円筒石斧は、黒潮本流に沿って、広まっていく。

また、日本列島の海を利用した交流と交易は、ちょうどこの時代を境に広まり、縄文時代前期七千年前〜五千五百年前の縄文海進（温暖化によって水位が上昇した）のピークによって、さらに発展している。三千年前には、すでに双胴《そうどう》着装舟《ちゃくそうせん》や帆も利用されていたようだ。全長一〇メートルを超える大型の舟もみつかっている。外洋を航海する舟と考えられている。

そして、南部九州から各地に散った人びととは、北方起源の人びとと血の交流を重ねていった。九州北西部に生活の場を据《す》えた人びとは、朝鮮半島との間を往き来していたようだ。朝鮮半島の櫛目文《くしめもん》土器の影響を受けた曾畑式《そばたしき》土器が生まれている。

■幻の大陸からやってきた人びと

ではなぜ、南部九州に、他地域とは異なる、一歩進んだ文化が出現したのだろう。

ここで、東南アジアに実在したスンダランド大陸がかかわってくる。スンダランドから、二回にわたって、人びとが日本列島にやってきた可能性が高い。

まず、今から五万～四万年前にスンダランドを飛び出した人びとが、琉球《りゅうきゅう》列島経由で黒潮を北上し、日本列島に流れ込んでいたと考えられている。これが、旧石器人である。

縄文時代になると、温暖化によって、スンダランドを形成していた陸地は水没してしまい、人びとは方々に散っていった。小田静夫は、その中に最大流速二～七ノット（一ノットは時速一・八五二キロメートル）の黒潮に乗って鹿児島県や上野原遺跡にたどり着いた人がいたのではないかと推理したのである（『遥かなる海上の道』青春出版社）。

根拠のひとつは栫ノ原遺跡でみつかった一万二千年前ごろの丸ノミ形石斧（栫ノ原型石斧）だ。石を円筒状に成形し、研磨して丸ノミ状にしたもので、丸木舟を造るための海人の道具と考えられている。

これとよく似た石斧が、鹿児島県だけではなく、宮崎県、長崎県、沖縄県の遺跡でも出土している。南部九州から琉球諸島に向けて、大きな文化圏が誕生していたことが分かる。しかも、海人の活躍を想定せざるをえない。

スンダランドは温暖化とともにゆっくり陸地がなくなっていき、その間、大陸は多島海になり、やむなく海に飛び出した人びとは、次第に勇敢な海人に変身していったのだろう。そんな彼らが、いよいよ住処《すみか》を奪われたとき（水没）、黒潮に乗って北に向かったのだろう。そして彼らは、南部九州に住みつき、のちに鬼界カルデラの大爆発によって、散り散りになりつつも、海人の特性を活かし、列島をつなぐネットワークを完成させていったのだろう。

その中でも、琉球諸島と南部九州、九州北西部、日本海、朝鮮半島をつなぐラインが黄金ルートとなった。これは弥生時代になると、貝の道にもなっていったのだ（琉球諸島の貝は九州で装飾品に加工された）。

もちろん、弥生時代に中国南部の白水郎《あま》（水人、漁民）の影響も受けたかもしれない。しかし、九州北西部の海人たちが縄文的だったことを無視することはできない。

「魏志倭人伝」は、対馬や壱岐の人びとについて、「良田がなく南北に市糴《してき》（交易）して食いつないでいる」と記録している。陸続きの大陸に暮らしている者から見れば、「なぜ命をかけて海に出るのか？」「それほど貧しいのか」と、感じただろう。しかし対馬や壱岐の海の民は、誰にも真似でき

スンダランドの位置

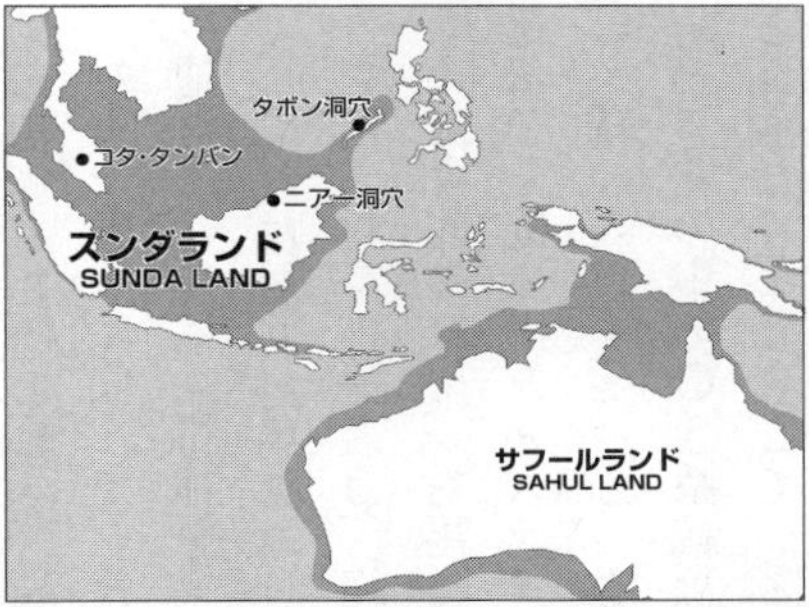

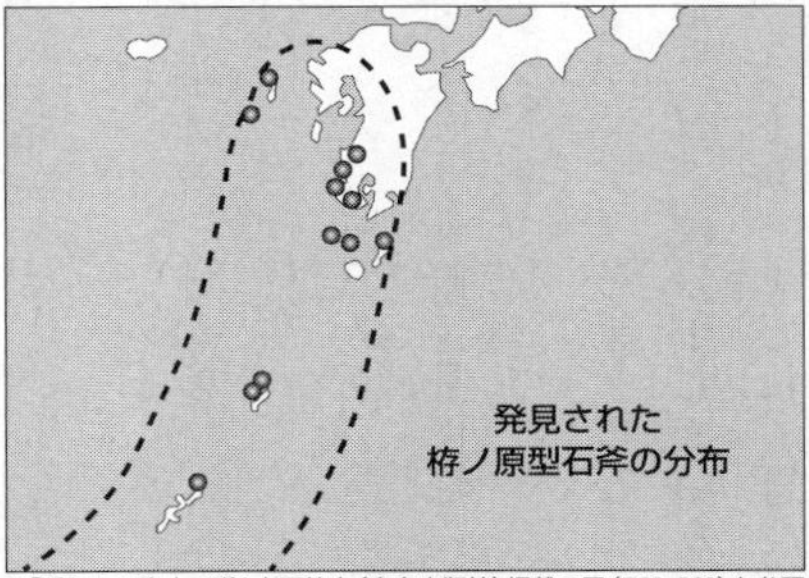

※『遥かなる海上の道』小田静夫（青春出版社）掲載の図（P21、P83）を参照

ない航海術と知識を携え、果敢に飛び出していったのだろうし、海人だからこそ、対馬や壱岐に住んでいたのだろう。

普通海人たちは、祖神を竜と唱えることが多い。これは中国の影響を受けたからで、これに対し対馬の海人は、「祖神は蛇」といい、こちらが古い土着の発想だ。やはり対馬の海人は、縄文人の末裔であり、遠い御先祖様は、スンダランドから南部九州を経て、対馬に到来し、朝鮮半島南部に拠点を構えたのだろう。

遺伝子も倭の海人とスンダランドをつないでいる。

C系統の人びとが、もっとも早くアフリカを飛び出し、東南アジアにも進出していた。その中のC3系統は東アジアに分布しているが、C1系統は、東南アジアと日本だけに暮らしている。つまり、どこにも寄り道せず、日本列島にやってきた人びとなのだ。第二章で述べた崎谷満は、「航海術と貝文《かいもん》土器を携えて新石器時代早期に日本列島の南部に達した貝文文化の民との関連が注目される」(『DNAでたどる日本人10万年の旅』昭和堂)と言っている。要は、上野原遺跡の縄文人が、スンダランドからやってきたと推理しているのだ。

また、「入墨」が、海人と縄文をつないでいる。

縄文の海人の伝統を、弥生時代、古墳時代の海人たちは、継承していた。

縄文時代中ごろから、土偶の顔の目の下に、八の字の線が引かれるようになり、これが「黥面」を表していたことが分かってきた（『魏志倭人伝の考古学』佐《さ》原真《はらまこと》　岩波現代文庫）。また、縄文のイレズミの模様は、土器や銅鐸《どうたく》の絵から、五〜六世紀の埴輪《はにわ》まで、（変化しつつも）継承されていたことも分かってきた。

なぜ、縄文の海人にここまで注目したかというと、縄文文明ののちの時代に与えた影響を考えるとき、縄文的な海人の活躍を知っておく必要があったからだ。ヤマト建国を考えるときに、特に重要な意味を持ってくる。これまで見すごされがちだったが、ヤマト建国には「縄文系の海人」が大活躍していた。天皇自身も、縄文系の海人と限りなく近い存在だったのだ。そして、ここに、縄文と現代日本をつなぐ、問題の本質が隠されているように思う。

■ヤマト一番乗りは東海地方？

縄文の海人たちは、ヤマトを建国した……。そしてここに、日本史の基礎固めの意味と、縄文文明の底力を感じるのである。

そこで、ヤマト建国と縄文人の関係について、説明しておきたい。

邪馬台国北部九州説が有力視されていたころは、鉄器を大量に確保していた北部九州のどこかに邪馬台国があって、三世紀にヤマトに移動し、建国が成し遂げられたと考えられていた。ところが纒向《まきむく》遺跡（奈良県桜井《さくらい》市）の発掘調査が進むにつれ、邪馬台国畿内説が優位に立ち、しかもヤマト建国の前後、三世紀の人と物の流れは、近畿地方から北部九州に向かっていたことも分かっていて、邪馬台国東遷説はもはや成り立たなくなってしまった。

それに代わって唱えられているのが、それまで鉄の過疎地帯だったヤマトに方々から人がさまざまな文化を持ち寄り、前方後円墳が生まれ、これが日本各地に伝播し、埋葬文化を共有するゆるやかな連合体が生まれたという考えで、考古学の物証がこの推理を裏付けている。

なぜ、突然、ヤマトに人が集まってきたのだろう。

そこで、考古学と『日本書紀』から読み解くヤマト建国にまつわる筆者の考えを、ここで披瀝《ひれき》しておこう。拙著（『古代日本人と朝鮮半島』ＰＨＰ文庫）でも詳述しているので、あらすじだけを記す。最新の考古学を『日本書紀』の記事に当てはめれば、天孫降臨神話と神武東征の謎は自然に解けてくる。

さて、弥生時代後期に鉄器を大量に保有していたのは、北部九州で、出雲や吉《き》備《び》も、これに続いた。北部九州は東側から攻められると守り切れない防衛上のアキレス腱《けん》（大分県日田《ひた》市）を抱えていたため、出雲と吉備を味方につけ、ヤマトに鉄を回さないようにしたようだ。ヤマトは天然の要害で、西側から攻めるのは至難の業だった。ひとたびヤマトに巨大勢力が出現すれば、北部九州はお手上げになる。そこで北部九州は出雲や吉備と手を組み、関門《かんもん》海峡と明石《あかし》海峡を封鎖し、出雲は日本海航路を塞いだ。

北部九州の策はうまく機能した。ヤマト周辺には、鉄器がほとんど入ることはなかったからだ。ところがここで、思わぬ伏兵《ふくへい》が現れる。それが、日本海側の但馬《たじま》と丹波《たんば》（丹後《たんご》を含む。合わせてタニハと呼ぶことにする）で、タニハの地域は、出雲と睨み合うことになる。日本海の主導権争いだ。

出雲は北陸と手を組み、タニハは朝鮮半島との間に独自の流通ルートを確保していたようで、近江《おうみ》や東海、近畿地方に先進の文物を流し始めて味方につけ、発展を促した。こうして、近江と東海が力をつけ、彼らがヤマト盆地の東側のへり（天理市から桜井市にかけての、いわゆる「おおやまと」）に、拠点を構えた。ヤマト一番乗りである。

これに慌てたのは吉備と出雲で、まず吉備が、そのあと出雲が、北部九州との連合を裏切る形で、奈良盆地の東南の隅の纒向に集まってきた。これが、ヤマト建国の第一歩となるのだ（考古学の物証を並べると、そう考えざるをえない）。ちなみに、纒向遺跡の外来系土器の割合は、以下の通り。東海四九パーセント、山陰・北陸一七パーセント、河内《かわち》一〇パーセント、吉備七パーセント、関東五パーセント、近江五パーセント、西部瀬戸内三パーセント、播磨《はりま》三パーセント、紀伊一パーセント……。

■出雲の大物主神は敗れた日本海の海人の神

ヤマトは基礎を固めると、今度は北部九州に向けて圧力をかけ始める（大量の土器と人の移動）。そして、北部九州沿岸部から順番に、北部九州勢力はヤマトに恭順《きょうじゅん》していったようだ。ヤマトは大分県の日田市の盆地と福岡県福岡市（旧奴国）に、楔《くさび》を打ち込んでいたことを考古学は明らかにしている。ヤマト建国の第二段階が、これで終了した。

ところが、ここからおかしなことになっていく。ヤマト政権の黎明期に、派閥が生まれた。新たな枠組みで、主導権争いが勃発したようだ。「瀬戸内海＋東海」が、「日本海勢力（タニハ＋出雲）と北部九州」に、危機感を覚えたようだ。北側から抑え込むように関門海峡と琵琶湖《びわこ》を封鎖されたら、航海と交易に支障をきたす。

ヤマト建国ののち、日本海側の諸地域が没落していたことが確かめられている。瀬戸内海と東海地方が勝ったからだろう。これが、出雲神話となって、『日本書紀』に記録されている。神話の「出雲」は、狭義の旧出雲国ではなく、日本海連合と考えるべきだ。『日本書紀』の神話と歴史時代に、出雲はいじめられるが、その都度、吉備系（瀬戸内海）と東海系の神と人が登場する。

問題はこのとき、北部九州の奴国も敗北し、日本海連合の貴種《きしゅ》たちとともに、南部九州に逃れたと思われる。これが天孫降臨神話にほかならない。天上界（高天原）から天津彦彦火瓊瓊杵尊《あまつひこひこほのににぎのみこと》（神武の祖）が舞い下りるが、第一歩は高千穂峯《たかちほのみね》（宮崎県と鹿児島県の県境の高千穂峰と宮崎県西臼杵《うすき》郡高千穂町の二説あり）だった。そのあと、皇祖神は笠狭碕《かささのみさき》（鹿児島県南さつま市笠狭町の野間岬《のまみさき》）に向かっている。こちらが本当の第一歩だろう。奴国から海人のネットワークの力を借りてたどり着けるのが、ここだ。

天孫降臨神話は、勝者の征服劇とみなされてきたが、ここが大きな間違いだったことに気付かされる。

よくよく考えてみれば、敗れた日本海連合は、弥生時代に成立していた縄文系海人の「貝の道」のライン上に重なっていたのであり、彼らが逃げるとするならば、まさにここしかないという拠点が、笠狭碕（野間岬）だった。江戸時代に中国の商人が船で日本に向かったとき、野間岬の裏手の野間岳をめざしてきたと言い、また野間岬には、天然の良港が備わっていた。野間岬を北に進めば有明海や日本海、朝鮮半島に、東に進めば、太平洋に出られる。北部九州を脱出したならば、ここに逃げるはずだ。

また、神武天皇の母と祖母が奴国の阿曇《あずみ》氏が祀る海神の娘だったことは、ここ

天孫降臨した皇祖神が第一歩を踏み出したとされる野間岬

にきて大きな意味を持ってくる。天孫族は、奴国の婿《むこ》であり、奴国の阿曇氏は、のちにヤマト政権の海人の統率を委ねられるように、日本を代表する海人だった。

ならば、なぜ神武天皇は即位できたのだろう。ヒントは、『日本書紀《もく》』にある。実在の初代王と目される第一〇代崇神《すじん》天皇の時代の話だ。疫病《えきびょう》の蔓延《まんえん》で人口が半減してしまったので占うと、出雲の大物主神《おおものぬしのかみ》の意志と分かった。大物主神の子を探し出して大物主神を祀らせればよいという。託宣《たくせん》通りにすると、世は平穏を取り戻した……。

一般に神武天皇と崇神天皇は同一人物で、王家の歴史を長く見せるために、わざと話をふたつに分けたのだろうと考えられているが、同一ではなく同時代人と考えた方が、分かりやすい。そして崇神の命で探し出された出雲の神の子が、神武天皇だろう。そう考える理由を説明していく。

まず、貝の道の海人の話をしておこう。

大物主神の託宣の中に、大物主神を祀れば海の外の国々が靡《なび》いてくるとある。瀬戸内海勢力が日本海勢力を追い落としたことで、それまでの朝鮮半島につながる航路が塞がり、ヤマト政権が困っていたことを暗示している。しかも、出雲神(要は日本海の敗れた者たちの神)を祀れば、パイプはつながるといっている。間を取り持っていた日本海の海人たちのご機嫌をとれば、元のように通行できるということだろう。瀬戸内海勢が日本海側を追い詰めたがゆえに、貝の道の海人たちが、サボタージュを始めたのだろう。

ヤマト建国の秘密は、縄文系海人が握っていたのである。

■ヤマト建国後のドタバタ

そこで、次の問題だ。ヤマトの統治システムについて考えておきたい。

ヤマト建国直前、纒向に最初に集まったのは、東海や近江の人びとだが、彼らは銅鐸文化圏に属していた。最初はカウベルのような「鈴」だった銅鐸が、一メートルを超す化け物に成長したのは、強い王に威信財を独占されるのを防ぐためで、集落のみなで祀る祭器が銅鐸だった。つまり、強い王の発生を嫌った地域の人びとが、まずヤマトにやってきたのだ。ところが、そのあとにやってきた吉備や出雲は、強い首長（王）が生まれた地域だから、厄介だった。『日本書紀』の神武東征説話にも、祭司王（大王。のちの天皇）誕生に至るドタバタが記されている。

神武天皇即位のいきさつと祭司王のカラクリは、以下の通り。

ヤマトに最初に住んでいたのがナガスネビコ（長髄彦）だ。次に舞い下りてきたのはニギハヤヒ（饒速日命）という人物で、物部《もののべ》氏の祖だった。ニギハヤヒはナガスネビコの妹を娶《めと》り、ヤマトに君臨していた。その後、神武（神日本磐余彦尊《かむやまといわれびこのみこと》）が日向《ひむか》（南部九州）からヤマトに向かったが、生駒山《いこまやま》でナガスネビコの手勢に敗れてしまう。やむなく神武は紀伊半島に迂回《うかい》し、紆余曲折《うよきょくせつ》を経てヤマト入りに成功した。しかしナガスネビコは、徹底抗戦を主張する。そこでニギハヤヒはナガスネビコを殺し、神武に王位を禅譲したのだった……。

史学者はこの話を創作と切り捨ててしまっているが、多くのヒントが隠されている。

なぜニギハヤヒは、義兄のナガスネビコを裏切ったのだろう。武力で追い返そうと思えば簡単だったのに、なぜ仲間を裏切ってまで、神武に王位を禅譲したのだろう。矛盾する話を、なぜ『日本書紀』は、あえて載せたのだろう。そうではなく、この話には、しっかりとした整合性があったのではなかったか。

ちなみに、ニギハヤヒは物部氏の祖だが、吉備からやってきた人物だろう。物部氏の拠点となった大阪府八尾《やお》市から、三世紀の吉備の土器が出土している。吉備は前方後円墳の原型を造った場所で、ヤマト建国のあと、主導権を握っている。ヤマト建国後六世紀まで、吉備系の前方後円墳が造り続けられたのが、その証拠と言えよう。また物部氏も前方後円墳体制とともに栄えたのは、当然のことだ。

さらに、ついでだから言っておくが、崇神天皇の母は物部系だったと『日本書紀』は記録する。崇神天皇が「物部系だった」ことを暗示していたのだろう。『日本書紀』は崇神をハックニシラス天皇《すめらみこと》（日本を最初に治めた天皇）と称えているが、そうなると、物部系の崇神は物部系のニギハヤヒと重なって見えてくるし、同一だろうと筆者は睨んでいる。

『日本書紀』が神武天皇も「ハックニシラス天皇」と称えているのは、崇神天皇（ニギハヤヒ）が王位を神武に禅譲したからだろう。男系の王は、ここで入れ替わり、だから、二人の「ハックニシラス天皇」が存在したことになる。

ところで、ナガスネビコはどこから来たかというと『日本書紀』は何も語らないが、ナガスネビコが誰よりも先にヤマトに住んでいたのなら、ヤマト盆地の東のはしにいち早くやってきた東海地方を想定せざるをえない。

そして、強い王の発生を嫌った地域からやってきたナガスネビコがヤマトの統治システムを作り上げ、そこに強い王を生む吉備からやってきたニギハヤヒが婿入りしたところに、大きな波乱要因が隠されていたと思う。

■文明の猪突を許さない海人の保守性

ここで、ヤマトの王の統治システムを解き明かしてみせよう。
王（大王、天皇）の姉や妹（あるいは血縁の女性）が巫女《みこ》となり神を祀り（観念的に結ばれ）、神からパワーを授かり、その霊力を王に放射する（妹《いも》の力）。また、神の託宣を得て、内容を王に話し、政策判断に反映される。これが、ひとつのセットになっている。

この場合、託宣は神の意志とは限らない。長い間、日本は母系社会で、王の母の実家（外戚《がいせき》）が力を持っていた。だから、実家側の指示を孫の巫女に告げ、巫女は託宣と称して、王に伝えることもできた。これが、「外戚になることのメリット」で、ヤマトの本当の実力者（物部氏や蘇我《そが》氏）は、王家に娘を嫁《とつ》がせ、産まれ落ちた子を即位させることで、王を自在に操ったのだ。王の命令は絶対だが、それは神の意志であり、王の母親の実家の命令でもあったわけだ。

ここに、ニギハヤヒとナガスネビコのコンビを当てはめると、ヤマト黎明期の政争と神武東征の本当の意味が分かってくる。ニギハヤヒは、銅鐸文化圏の「強い王を生まないための統治システム」に、知らぬうちにはめられてしまったことが分かる。これは、「強い王になるべくヤマトにやってきた吉備の王」にすれば、不満が残っただろう。吉備は東海と組んで日本海勢力（タニハと北部九州）を駆逐《くちく》することに成功したが、東海が邪魔になっただろう。そんなときに疫病の蔓延が起きた。ニギハヤヒはこれを逆手《さかて》にとり、神武を招き寄せ、新たな王に立てて、自身がナガスネビコの立場に鞍替《くらが》えをし、実権を握ったのだろう。

ここに、ヤマトの統治システムはようやく完成し、安定の時代（古墳時代）を迎えたのだと思う。実権のない祭司王が、誕生したのだ。

これは、中国王朝の統治システムとはかけ離れている。強い王がヤマトを征服したのではなく、敗れて零落《れいらく》した者が都に呼び出され、王に立てられたことも、偶然起きたこととはいえ、「弱い王」を求める列島人の心情に合致していたのである。

日本に強い王は必要ないし、地政学的にも、国土を武力で統一することは難しかった。山と谷と深い森林が、進軍を阻《はば》む。そして、民はみな、独裁者の誕生を忌《い》みきらう。それは、「縄文から引き継がれた三つ子の魂」が宿っていたからだと思う。

縄文文化は東側に色濃く残ったが、ヤマト建国のきっかけを作ったのが東であり、統治システムの原型を作ったのも東と思われる。とすれば、そこに「縄文の心」「民族の三つ子の魂」が、宿っていたはずなのだ。稲作民は積極的に領土を拡大しようと暴力的になるが、狩猟採集の民は、縄張りを守り、集団で他者を攻撃するようなことはしない。

また、前方後円墳体制の実質的な主となった物部氏も、力で周囲をねじ伏せるような行動には出なかった。最大の理由は、「最初に痛い目に遭った」からだろう。ヤマト建国後の主導権争いで、最後の神武東征の場面でひとり勝ちを収めたが、なぜ敗者を日向から連れてこなければならなかったかというと、「縄文の海人のネットワークを敵に回せば、政権が崩壊する」ことを、思い知らされたからだろう。

さらに付け足すならば、平安時代に至るまで、「都から見て東側」のかつての縄文の土地は、つねに潜在的な脅威であり続けた。政権の腐敗と擾乱《じょうらん》が起きるたびに、朝廷は東を警戒し続けたのだ。普段はおとなしい東だが、ひとたび動き出せば手に負えなくなるという恐怖心が、政権を悩ませた。それは、いつまでもなくならない「縄文の息吹」だったように思えてならない。

縄文の末裔の保守性は、文明や権力の猪突《ちょとつ》を許さないのである。「昔にもどろう」と、揺り戻し運動が東側から湧《わ》き上がるのだ。これが日本の歴史の根底に流れる法則のように思えてならない。詳しい事情は、次章で話そう。

そこで、いよいよ、日本人と縄文人の信仰と文明について、考えてみたい。

第四章

一神教と縄文文明

■文明とは何か

科学史という視点から中国文明を評価する藪内清《やぶうちきよし》は、中国とローマは「実用を重視する点」で似ているという。その一方でローマはギリシャ文明を受け継ぎながら、それを開化させることができなかったのに対し、中国文明は、中国人の独創によって、六千年の間持続した点が秀でているという。さらに、

この間に中国人が発見しまた発明した成果は実に驚くべきものがあり、日本はもとより、広く世界に貢献してきたのである（『科学史からみた中国文明』NHKブックス）

と語っている。手放しの礼讃だ。

また藪内清は、戦乱の時代の中国の動きに注目している。日本の戦国時代を例に挙げ、本来、戦乱の時代は文化や文明が退化するはずなのに、中国文明はまっ

たく反対で、春秋時代末から戦国時代にかけて、大いに発達したこと、いわゆる百花繚乱《ひゃっかりょうらん》の時代であったという。「後世の中国を支配した思想の原型」も、この時代に成立したと指摘している。ここでも、中国のたくましさに、敬意を払っている。

たしかに中国文明は、世界の歴史の中でも抜きん出た存在だ。しかし、「森を失い殺し合うことで発展する文明」は、狂気ではあるまいか。

いったい人類にとっての「進歩」に、どのような意味があるのだろう。なんの疑問も抱かずに、中国文明を褒め称えていてよいのだろうか。

「縄文文明と中国文明」を考える上で、どうしてもはっきりさせておかなければならないのは、「文明とは何か」である。「文明（英語の civilization）」はラテン語の「市民（civis）」と「都市（civitas）」から生まれた。文明は、都市の文化と言い換えることも可能だ。農耕技術を手に入れた人類は、富を蓄え、金属器を手にし、人口を増やし、都市を形成し（部族文化からの脱却）、未開社会の野蛮を脱し、安定を手に入れたと考えられてきた。

また、文明と文化は、しばしば同一視され、さらに、文明の成立する前の段階は、無秩序な未開社会（自然社会）を意味している。

ちなみに、部族文化は、原始的な農耕を始めていたが、分業も未分化で、信仰も魔術的だった。シャーマニズムやアニミズム（精霊信仰）といった原始信仰を持ち続けたのだった。これに対し都市文明は、（前近代的な）血縁関係だけでなく、幅広い人間と階層が重層的に社会を形成し、権力は集中していった。文字や数字が発明され、コミュニケーション能力を飛躍的に高めていった。

■「文明」は人類に幸せをもたらしたのだろうか

世界四大文明は、メソポタミア文明・エジプト文明・インダス文明・中国（黄河）文明だ。メソポタミア文明はチグリス・ユーフラテス川流域、エジプト文明はナイル川流域、インダス文明はインダス川流域、中国文明は、黄河流域に出現した。川の両岸に、肥沃な沖積地《ちゆうせきち》が存在し、農耕に適していたのだ。

この中でもっとも早く発展したのは中国で、また、中国を除いた他の文明は、長続きしなかった。また近年では、中国の場合、黄河流域だけに文明が出現した

世界四大文明

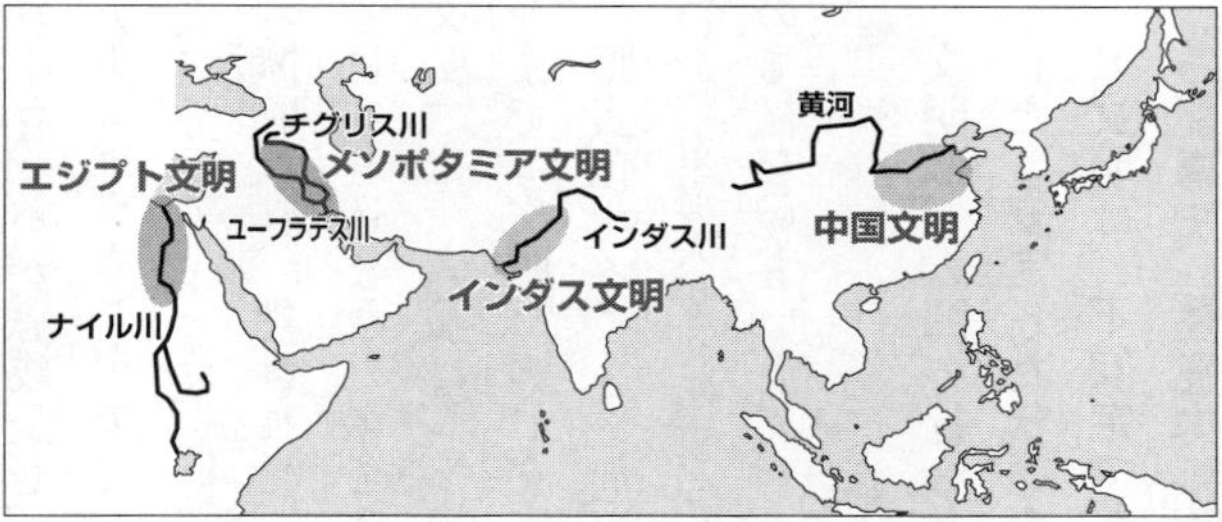

のではなく、南側の長江流域にも、先進的な文明が出現していたと指摘されるようになってきた。

中国は、「文明の国」であった。世界のどこの地域にもない、「長い文明の歴史を築き上げた国」なのである。メソポタミア文明とエジプト文明は紀元前三五〇〇～前三〇〇〇年ごろ、インダス文明は紀元前二五〇〇年ごろ、中国文明は紀元前五〇〇〇年ごろのことだ。日本では、縄文時代にあたる。

ちなみに、ヨーロッパ文明が、世界でもっとも進歩した文明と考えられ、また、ヨーロッパの人びともそう自負してきたが、近代以前のヨーロッパは、世界でも貧しい部類に入っていたのだ。大航海時代は華々《はなばな》しく見えるが、諸地域の産物（茶、香料、陶器、絹《きぬ》など）と交換する金も製品をも持ち合わせていなかったほどだ。

ヨーロッパが急成長し、一大文明を築き上げるのは、産業革命によって、強力な火力（軍事力）を獲得し、「キリスト教を野蛮人に広める義務がある」という大義名分をもって植民地を広げたからだ。その結果、多くの人びとが奴隷となり、搾取《さくしゅ》され、殺された。そして、その余波《よは》は、極東にまで及び、清国はアヘン戦争に巻き込まれたのである。

「文明」は、人類に、幸福をもたらしたのだろうか。

今まで「文明」の二文字に、マイナスのイメージはなかった。文明が意外にもろく野蛮化することを危惧する声ならある。斎藤博は「文明への問い」（『文明とは何か』東海大学文明研究所編　東海大学出版会）の中で、文明の安定は、強固なものではないという。

文明は、人間の社会共同体が野蛮な状態から、いわばある程度進歩して獲得した、安定した状態を指しているとも考えられる（中略）

文明は、不安定でこわれ易いもので、それを担っている人間の文明に対する配慮や、注意力の不足によって、一瞬の如くに潰滅してしまうものである

（中略）文明が野蛮化することは、もっぱら外からの野蛮の支配によるとしか考えられないが、現実にはそれに反し、文明社会がその内的要因で野蛮化している

また一方で、人間は科学・技術の知によって、人類を滅亡に追い込むことができるようになったが、これは人間の思い上がりや傲慢《ごうまん》だと、斎藤博は言う。だから、洗練された文明人としての感受性が求められるのだという。それは、隣人と同胞に対する愛に満ちた感受性であり、偉大な精神である。

そして、「文明化とは人間の行為の知的洗練」「戦争は野蛮化の典型である。戦争はその目的がどうであれ、結果的には文明化の努力を破滅に導いている」と述べている。

しかし、文明と戦争は、鏡に映した表と裏の現象にほかならない。文明の行き着く先は、人類の滅亡であろう。だから今、「文明」を見つめ直さなければならない。そもそも「文明」は人類を幸せにするのだろうかという疑念が頭から離れない。何かがおかしい。理想的な文明など、どこにあるのだろう。

■過去を恥じた日本人

ここで話題は、宗教に向かう。多神教と一神教の話だ。

日本人は宗教に無頓着だ。信仰心がないと日本人自身が思い込んでいる。しかし、それは自覚がないだけで、「今でも日本的な信仰心は、堅固に残っている」と、指摘する海外の学者は多い。

では、日本的な信仰とは、いったい何だろう。

たしかに、普段何も信心深いことを見せない人でも、困ったときは願掛けのために神社に詣《もう》で、おみくじを引く。ただそれは、ごく自然の行為で、信仰に見えないだけだ。しかしよそさまから見れば、学業成就《じょうじゅ》や安産の祈願も、立派な呪《じゅ》術《じゅつ》、おまじないなのだろう。しかも、キリスト教など一神教世界にとっては、それは「低俗」な「迷信」にすぎないことなのだ。

なぜ、日本人はおみくじを引く？　なぜ、神社の社《やしろ》に手を合わせる？

少し古い首都圏で行われたアンケート資料だが（昭和五十年代）、「日の出や日没、静かな山中であらたまった気持ちになったことがあるか」という質問に対し、「ある」と答えた人は、五四・四パーセントもいる。また、「神社やお寺、教会などで心が落ちついたり、あらたまったことがあるか」という質問に対しては、「ある」と答えた人は、六九・〇パーセントだった。さらに、「信仰心を持っていない人」に対し、「宗教的な心は大切か」の問いに対し、約七割以上の人が、「大切」と答え、信仰を持っている人と合わせると八三・一パーセントになったという（『日本人の深層意識』林知己夫《ちきお》・米沢弘　NHKブックス）。

信じがたい話だが、敗戦直後の昭和二十一年（一九四六）、文部省（現・文部科学省）の科学教育局科学資料課が音頭《おんど》をとって、日本に根強く残った「迷信」を根絶しようとする運動が行われた。

まず、「文化国家を標ぼうしつつある日本に、どんな迷信が、どの程度に、どのようなあり方で行われているか、その調査」が行われ、報告書が、昭和二十四年（一九四九）にまとめられた。それが、『日本の俗信1　迷信の実態』（文部省迷信調査協議会編　技報堂）である。

伝統を重んずる気風は、迷信的傾向となり「国民生活の科学化は大きな障壁のいる。

前に立っている」というのだ。

また、前書きには、地方の一主婦から寄せられた次の投稿をそのまま引用している。

私は学校で教わった数学や物理、化学などによって出来るだけ物を理論的に判断し、出来るだけ合理的な生活をしてゆきたいと心から思うのです。(中略)迷信的なことの押しつけだけは是非やめて欲しいのです。

この意見は間違っていないと、誰もが思うかもしれない。なるほど、日本人は神社にお参りし、手を合わせるが、それは現世利益《りやく》を求めたものであり、高尚な宗教と較《くら》べれば、低俗で、迷信に満ちていると思われるかもしれない。

しかし、「科学、合理、理論的が正義」という単純な発想も、いかがなものか。日本人の守ってきた因習《いんしゅう》すべてを、非科学的と否定してしまってよいのだろうか。

国を挙げて、日本人であることを恥じて、どうしようというのだろう。戦勝国アメリカにおもねっているようにも見えて、引っかかる。歴史を検証することもなく、ただただ「過去の日本を恥じ、できることならば訣別《けつべつ》したい」という思いを見る気がする。そんなに、日本の習俗は、野蛮なのだろうか。

日本人は、日本人であることを、敗戦直後だけではなく、明治維新のときも、恥じていたのだ。

明治九年（一八七六）に来日したドイツ人医師エルウィン・ベルツが故国に宛てた手紙の中に、日本の教養人の、次の言葉を伝えている。

「いや、何もかもすっかり野蛮なものでした［言葉そのまま！］」とわたしに言明したものがあるかと思うと、またあるものは、わたしが日本の歴史について質問したとき、きっぱりと「われわれには歴史はありません、われわれの歴史は今からやっと始まるのです」と断言しました（『ベルツの日記上』トク・ベルツ編　菅沼竜太郎訳　岩波文庫）

世界の歴史をひもとけば、多神教社会は一神教社会に出逢《であ》うと、圧倒され、蹂躙され、一神教的発想に染まっていくものなのだ。明確な正義を掲げられると、人間は弱いし、日本は近世の終わりに、圧倒的な火力で脅す西欧文明に、屈したのだ。

なぜこの話を持ち出したかというと、日本人自身が、日本人の信仰に関する知識がないために、一神教的でキリスト教的な価値観の押しつけに流されてほしくないからだ。日本の古い習俗や迷信は、たしかに「非文明的」に思える。しかし、「文明的」でなければならない理由がどこにあるのだろう。多神教的な野蛮は、むしろ一神教の野蛮よりも、「まし」なのである（変なことを言っているだろうか。このあと、何を言いたいのか、少しずつ説明していく）。

■一神教はどうやって生まれたのか

ここで多神教と一神教について、考えておきたい。

人類は大自然の中のちっぽけな存在だ。自然災害の前には、なすすべがない。だから、嵐や火山の噴火に震え上がり、その猛威《もうい》の中に人間の手に負えない、得体の知れないパワーを感じたのだ。そして、ありとあらゆる現象（風や雨、嵐、災害）、すべての物（川、山、海、大地、路傍の石、樹木など）に、精霊は宿ると信じた。これがアニミズムであり、次第に多神教に発展していったのだ。太古の人間にとって、宇宙、大自然こそが神であった。

やがて多神教は、一神教へと変貌していく。唯一絶対の神が、宇宙を創造したと考えるのが、一神教だ。そして、一神教は多神教から進歩したと主張する。多神教的な信仰形態は、野蛮で、迷信に満ちていると断定し、唯一絶対の神を信仰するように導く義務があるとまでいうのである。キリスト教徒が世界に出向き、「未開で野蛮な地域」を植民地にしたのは、まさにこれだ。野蛮な人びとをキリスト教の高みに引き上げてあげるという「啓蒙活動」を展開していた。

多神教と一神教の差は、神の数が違うだけではない。

そもそも、多くの神々に囲まれているとみな信じていたのに、誰が、いつ、一神教を思いついたのだろう。

一神教（ユダヤ教）は砂漠で生まれた。だから星空を見やり、抽象的な観念を持つに至ったとする説があったが、歴史的に、もっと複雑な要因が隠されていたようだ。概略を示しておく。

紀元前十三世紀、「出《しゅつ》エジプト」という事件が起きた。ヘブライ人（イスラエルの民。最初の預言者・アブラハムの子孫。バビロニア、アッシリア、小アジア、エジプトの移住民）は、このときエジプトで奴隷状態にあったが、モーゼの強い指導力によって、脱出に成功したのだ。こうしてヘブライ人は、「神（ヤハウェ、ヤーヴェ）の加護《かご》を得た」と信じるようになったようだ。

脱出した人びとは、砂漠をさまよい、次の世代が、カナン（パレスチナ）に定住するようになった。先住者もいたが、居座ったわけだ。そしてここを、ヤハウェからもらい受けた土地と考えた。やがて統一王国が誕生し、王は神の子と考えられた。そしてダビデ（王）はエルサレムを都に定め、ソロモン（王）が神殿を建てた。ただし、前十世紀後半、国は南北に分裂し、しかも北の王国は滅亡してしまう。

ここに、神学的思索《しさく》が始まったようだ。「なぜ神の子の国、北の王国は滅びたのか」についてだ。「ヤハウェは、全能なら、なぜ北の王国は滅びたのか」という疑問が生じたのである。

そこで、「契約の概念」と「罪」の考えが登場した。つまり、ヤハウェと民の間に、契約があって、民が正しく神を崇拝していれば、神が民に恵みをもたらすというものだ。北の王国の民は、契約を守らず神を崇《あが》めていなかったということになる。神が正義で、民は罪の状態で、神が優位に立っているといい、ここに明確な一神教的態度が確立した。つまり、もし仮にヤハウェを裏切り、他の神を祀れば、ヤハウェに見放されるわけである。北の王国が滅びたのは、神が悪いのではなく、民が悪かったのだと……。

これが、神学から説明される一神教の誕生なのだ。一神教の原理は、とても単純で、神のヤハウェは、自ら、「われはヤハウェ、唯一無比《ゆいいつむひ》」と宣言している。信仰なのだから、神が正しいと思うのは当然のことだ。しかし問題なのは、ユダヤ教が復讐の宗教だったことである。

■神は復讐する？

ユダヤ教が砂漠で生まれたことは、考古学的にもほぼ確かめられている。西アジアの北緯三五度以南が乾燥していたことが分かっている。ナイル川の水位は下がり、インダス川の周辺も乾燥していた。その乾燥地帯をさまよっていたのが、ヘブライ人だった。そして砂漠は、生き物を拒む死の世界だ。好きこのんで行く場所ではない。

それにもかかわらず彼らがさまよったのは、逃げてきたからだ。豊かな土地を追われた。すなわち彼らは、敵を憎んで復讐を誓う人びとであり、その正当性を求め、唯一絶対の神を思い描いたのだ。それが、一神教の本質だと思う。

この世はすべてを神が創ったと、『旧約聖書』はいう。宇宙、地球、大自然、動物もそうだ。そして人間は、神の姿を模して作り出された。人間には、海の魚、空の鳥、家畜、すべての野獣と、地を這うすべてのものを従わせるという。神は人間に向かって、「産めよ、殖《ふ》えよ、地に満ちよ、地を支配せよ」と、けしかけている。

そして『旧約聖書』は、恐ろしいことを言っている。神は、「復讐する」と、宣言している。

「イザヤ書三四章二節」と「イザヤ書三四章八節」には、次のようにある。(『旧

約聖書Ⅶ　イザヤ書』関根清三・旧約聖書翻訳委員会訳　岩波書店）

まことにヤハウェには、総ての国に対する怒りが、総ての軍勢に対する憤《いきどお》りが、ある。彼［ヤハウェ］は彼らを絶滅し、彼らを殺戮にまかせた。（三四－二）

まことに、ヤハウェにとって復讐の日、シオンの訴《うった》えのために仇《あだ》を返《かえ》す年［が来る］。（三四－八）

ヤハウェは、復讐する神なのである。

ただそれは、一神教の中でも、ユダヤ教の話であり、キリスト教（『新約聖書』）は違う、と反論されそうだ。

たとえば『新約聖書』の「マタイによる福音書」五章三八～四〇には、次の有名な一節がある。

あなた方が聞いたようにこういわれている、『目には目、歯には歯』と。しかしわたしはあなた方にいう、悪者にさからうな。あなたの右の頬《ほお》を打つものには、ほかの頬をも向けよ。あなたを訴えて下着を取ろうとするものには上着をも取らせよ

『旧約聖書』に出てくる言葉「目には目……」を、『新約聖書』は修正している。もうひとつ『新約聖書』は、『旧約聖書』の文言を改めている。

あなた方が聞いたようにこういわれている。『隣《となり》びとを愛し、敵を憎め』と。しかしわたしはあなた方にいう、『敵を愛し、迫害者のために祈れ』と

(『世界の名著12　聖書』前田護郎訳　中央公論社)

ユダヤ教が過激なのは、迫害され、苦労を重ねた民族の記憶が生々しく残っていたからなのか。だから時間を経て、神の子イエス・キリストは、「寛大になれ」と諭《さと》しているのかもしれない。

しかし、キリスト教徒が寛大なのは、キリスト教徒に対してだけなのである。

■独りよがりの一神教

唯一絶対の神を掲げる一神教は、排他的だし、他者に信仰を強要することがある。非キリスト教社会の野蛮人をキリスト教の高みに押し上げるのが、クリスチャンの義務だという。

ちなみに、日本は典型的な多神教世界にどっぷり浸《つ》かっているのだが、明治維新ののち、西欧文明に追いつき追い越せがモットーとなり、天皇もキリスト教的な「唯一の正義」に持ち上げられたのだった。天皇を旗印にして前面に押し出し、帝国主義の真似事を始めたわけである。しかし、キリスト教世界は、これを鼻で笑っていた。

極端な例だが、日露戦争前後のロシアの新聞に、次のような辛辣《しんらつ》な一節がある（「ノーヴォエ・ヴレーミャ」一八九五年四月二十一日）。

わが国にとって、またヨーロッパのキリスト教諸国にとって、朝鮮に文明を導入しようなどという日本の野心はお笑い草でありナンセンスだ。日本での文明開化推進者の理性だとか人道的感覚というものは、いかに彼らがヨーロッパのお手本を完璧に学ぼうとも、文明化の道を朝鮮に本当に歩ませることができるなどとは考えられない。（中略）つまり、どんなに開化された異教であっても、意識の高いキリスト教徒にとってそれはキリスト教文明の高みよりはるかに低いものであり、キリスト教文明と対等な地位を主張するなどもってのほかだ、ということだ。「これ［キリスト教］にて汝《なんじ》は勝つであろう」があくまでも世界の先頭に立つ旗印であるべきだ（『外国新聞に見る日本2』毎日コミュニケーションズ）

当時のキリスト教社会の発想がよく分かる。これが、一神教の発想なのだ。神学博士の加藤隆は『一神教の誕生』（講談社現代新書）で、ユダヤ教やキリスト教の伝統によって培《つちか》われた成果を、無視してはならないと指摘する。今日の西洋的な文明、科学技術の進歩につながっているのだから、ユダヤ教とキリスト教の伝統を考察することは、不可欠な課題だという。その上で、ふたつの信仰は、歴史的な展開の中で特殊な状況で成立したといい、次のように述べる。

そこで発見されてきた価値が、他のところで発見されている価値に較べて劣っているということがはっきりするのでない限り、こうした価値を退けてしまうことは、やはり適切ではないと思われる（前掲書）

おそらくこの発言は、次第に高まりつつある「一神教に対する批判的発言」を意識しているのだろう。しかし、本当に一神教は、人を幸福にするのか、はなはだ疑問で、その理由も説明可能だ。

人類は多神教から脱皮して一神教を手に入れたとする説がある。もちろん、多神教のあとに一神教が生まれたのだから、新しい信仰であることは間違いないが、それが進歩であったかというと、じつに心許《こころもと》ない。

ウーズラ・J・リットンの次の指摘がある。一神教の神は、万物を創造したあと、宇宙とは離れた場所に立ち、人類に寄り添っているわけではない。だから、キリスト教の世界観は地球から離れ、キリスト教徒は抽象的な思考を形成し、このため自然と離れて成長し、今日的な諸問題（生態系や社会的問題）を解決する上で、障害になっているという（『出羽三山と日本人の精神文化』松田義幸編　ぺりかん社）。

■神は死に、理性が神になりかわった

ここで、多神教の発想について考えておこう。

神々や精霊は、万物に宿り、大自然そのものを神とみなすことが可能だ。物だけではなく、現象にも、神は宿る。だから、疫病の蔓延も神の意志（崇《たた》り）とみなされ、火山の爆発、地震、台風（嵐）も、神の仕業《しわざ》と恐れられた。人間は大自然（神）の前には無力で、だからこそ、神を崇める。

神は幸《さいわい》をもたらす有り難い存在である以前に、人びとを苦しめる鬼でもある。崇りも、鬼（神）の仕業だ。神には表と裏の二面性がある。

そこで、人びとは暴れ回る神（崇る鬼）を祀り、機嫌を直していただく。する

とその神は、人に幸をもたらす。荒々しい神は、そのパワーが強ければ強いほど、逆に幸をもたらす力となって、尊ばれる。大自然の猛威に対する諦念《ていねん》と、大自然に幸をいただき感謝することこそ、多神教の真髄である。

神々を祀り、祈り、日々の平穏を願う。これは、悪く言えば現世利益の迷信ということになるが、「大自然に逆らうことはできない」というやさしい信仰心の発露《はつろ》と考えれば、むしろ人間として当然の信仰と思いいたる。「人間は神の子だから、大自然を支配できるし、改造することができる」という一神教的な発想と比較し、どちらの道を人間は進むべきなのか、日本人なら、悩む必要もないほど簡単な設問ではあるまいか。

近代以降の多くの日本人は、科学や哲学、合理的な発想を尊ぶようになった。そして、「進歩」を期待する。しかし、これらがすべて、キリスト教のなれの果てで、一神教的な、「人間は宇宙を支配できる」という発想の延長線上にあると知れば、少しは、考え方を改めるだろうか。

キリスト教は、科学や哲学によって変化していく。キリスト教の行き詰まりが、意外な形で現れたためだ。大自然のもたらす災害に苛《さいな》まれた人びとは、「これほど篤《あつ》く信仰しているのに、なぜ神は不公平なのか」「よい行いをしているのに、なぜ災禍《さいか》に巻き込まれるのか」「神を信じて祈っているのに、なぜ苦しまなければならないのか」と、疑念を抱いたのだ。特に、信仰心の篤いプロテスタントが、熱心に謎を追い始めた。

その結果、神が不幸をもたらす現象には、何か法則が隠されているのではないかと、探求が始まった。これが、西欧文明を生む「科学や数学、哲学、合理主義、共産主義」などの原点になったのである。

このあとどのような考えを、キリスト教徒のなれの果ては思いついたのだろう。人間の理性が、神になりかわることが可能になるという発想が生まれた。そしてニーチェは、「神は死んだ」と叫んだのだ。人類が万物を支配し、改造することが正義という、恐ろしい考えだ。

十六世紀から十七世紀にかけて、自然科学が花開いた。「物」から生命原理が取り除かれ、自然科学も登場した。

フランスの哲学者デカルト（一五九六〜一六五〇）は『方法序説《ほうほうじょせつ》』（ルネ・デカルト著　山田弘明訳　ちくま学芸文庫）の中で、自然を機械にたとえ、自然学や哲学（理性）によって自然を支配できると語っている。万能の神が、科学や哲学に入れ替わったのだ。人間の理性が世界を支配し改造するという西洋の文明は、恐ろしい。

■フランス革命という一大愚行

文明の正体を考える上で、画期的な論考を発表しているのが、精神分析者の岸田秀《しゅう》だ。彼の発想はなかなか認められないが、文明の正体、人間の根源を明快に示していると思う。そこでしばらく、岸田秀の推理にまつわる話をしておきたい。

さて、「本能の赴くままに」という言葉は、不埒《ふらち》で淫靡《いんび》な行動をする人間を批判するときによく使う。「本能」は下等で「理性」で抑えるべきだという発想がある。自然界の動物よりも、人間の方が、上に立っているという考えでもある。しかしこれは、思い上がりではなかろうか。岸田秀は、人類が本能を壊してしまった生き物で、幻想に基づいて行動すると考えた。これが、唯幻論《ゆいげんろん》だ（『ものぐさ精神分析』中公文庫）。

本能を失った人類は、一神教を生み出し、「正義のために、人を殺すことができる」「復讐の正義」を臆面もなく主張し、狂気を正当化した。そして、人間がキリスト教の延長線上の科学や理性を駆使して、地球を支配し改造できると考えた。全能の神が、神の子の人間の理性となって、科学や哲学、そして、正義のためには暴力的行動で政府を倒せるという共産主義を生み出した。

岸田秀は、「いつかは真理に到達できる」という個人の内にある「理性」と「神」の共通点を、全知全能に求め、これは誇大妄想の一形態だと切り捨てる。

そしてヨーロッパでは、この誇大妄想に基づいて人間が世界の創造を始めたという。その最初の試みが、フランス革命（一七八九年七月十四日〜一七九九年十一月九日）だというのだ。

一般的にフランス革命と言えば、資本主義革命で、腐敗した旧支配者を一掃《いっそう》し、封建的な社会に風穴を開けた正義の戦いと考えられがちだ。資本主義の発展を促し、法の下《もと》の平等、経済的自由などを勝ち取ったと礼讃されてきた。

しかし岸田秀は、「大革命は誇大妄想に駆られたあげくの一大愚行」と手厳しい（『二十世紀を精神分析する』文藝春秋）。

フランス革命前後の二十五年間で、フランス人だけで二〇〇〇万人以上が殺され、ナポレオン戦争も含めると、全体で四九〇〇万人が亡くなっている。経済的、社会的に多くのものを失い、得るものは少なかった（当時のフランスの人口は約二六〇〇万人）。ギロチンで公開処刑される者も大勢いたし、それが一時は庶民の娯楽と化していたという。ところが、実質的には、階級社会は温存され、ナポレオンという独裁者まで生み出してしまった。

その一方で、革命を正当化するために、「自由、平等、兄弟愛」というスローガンが後付けされて広まった。自身の行動を正当化するために、このスローガンを普遍的で絶対的な高邁《こうまい》な価値があると信じざるをえなかったのだ。その証拠に、いまだにフランスの国歌（「ラ＝マルセイエーズ」）は、暴力革命を礼讃している。

本能には、ブレーキが組み込まれていて、自然界の秩序を守るようになっている。しかし人類は、本能を失い、このブレーキを失い、それを補うために、「文化」というブレーキを用意した。神を恐れ、タブーが張り巡らされたのだ。これによって、社会の秩序は保たれた。しかしヨーロッパでは、ローマ帝国の手でキリスト教という他文化を押しつけられ（ヨーロッパは多神教世界だった。だから、ヨーロッパに伝わったキリスト教は、現地の地母神《ちぼしん》信仰を組み込まざるをえなかった。男性中心の一神教だったキリスト教が「マリア様」を容認したのは、そのためだ。ヨーロッパの教会内部の構造が、樹木に似せて造られていたのも、ヨーロッパが多神教的な信条を捨てきれなかったからだ）、固有の文化を捨てられ、居心地の悪い思いを続けてきた。

キリスト教が外来の信仰だったからこそ、ニーチェは神を殺すことができた。西欧人は、こうして解放感を味わったが、無秩序も手に入れてしまった。壊れた本能のマグマが噴き出して生まれたのが、資本主義で、限度のない欲望の世界が出来《しゅったい》したと岸田秀は言い、次のように述べる。

理性にもとづく秩序を打ち立てようとした近代国家がなぜ逆にますます無秩序をもたらしたのか。それは理性というものが人間のごく狭い一面しか表しておらず、したがって理性を規準にすれば、この規準に合わない多くの要

素を排除しなければならず、排除された多くの要素がいつかは反乱を起こすからである（前掲書）

また、近代西欧人が呼ぶ「理性」とは、キリスト教の神の後釜《あとがま》だという。ニーチェは、「神は死んだ」と宣言し、神の代わりに人間の理性が、この世を変えていくと信じたのだ。しかし、それは、神を人間の理性に置き換えただけということになる。

また、余談だが、フランス革命に恐怖を抱いたイギリスのエドマンド・バーク（政治家、政治思想家、哲学者）が、急激な変革に異を唱えたことで、保守主義が誕生した。「変えるべきは変えるが、守るべきは守る」という現実主義が、保守思想の根幹だった。人間の作り上げた「理性」や「正義」に懐疑の目を向け、暴力的な「全取っ替え（革命）」の短絡《たんらく》を非難している。

■なぜ縄文人は稲作をなかなか受け入れなかったのか

縄文文明と中国文明を考えるために、ずいぶんと遠回りをしてしまった。「高度な文明」と言えば、人類の進歩の証と、よい意味で考えるのが普通だ。しかし、「本能を失ってしまった狂気」を知ってしまうと、はたして「文明」そのものを、手放しで礼讃してよいのかという疑念が生まれてくる。「人類の進歩」は、必要なのだろうか。

中国の紀元後初頭に記された道教経典《どうきょうきょうてん》の『西昇経《せいしょうきょう》』には、「我が運命は我にあり、天にはない」という文言が見える。さすがは中国文明。ヨーロッパの十七世紀のデカルトのような考えを、すでに表明している。考えてみれば、中国文明は物質文明であった。世界一の文明国は、すでに「天（神）を見限っていた」のだろう。

いっぽう、日本の先史時代、古代史をふり返ってみると、いつの時代も、「あの時代にもどりたい」と、揺り戻しが何度も起きていたことに気付かされるのだ。

すでに触れたように、弥生時代の日本列島では、稲作が各地に伝播する一方で、いまだに縄文的な習俗と文化が残り続けていた。

そもそも、日本列島人が、新石器時代（縄文時代）に、稲作や本格的な農耕を選択しなかったことも、大きな謎だが、これも「立ち止まった」からではないかと、筆者は睨んでいる。

人類が戦争を始めたのは、農業を選択したからではないかとする説がある（『農業は人類の原罪である』コリン・タッジ著　竹内久美子訳　新潮社）。

理にかなった発想だと思う。狩猟民族は、必要以上の殺生をしない。縄張りを守り、生きていくための最低限の獲物を狙う。これに対し、農業は残酷だ。共同作業によって、多くの作物が得られる。すると、人口が増える。農地を拡張すれば、他者との間で、水と土地の奪い合いになる。富を蓄えた強い指導者が現れ、本格的な戦争が始まり、恨《うら》みが恨みを生み、泥沼化する……。

縄文人は、「農業を始めればどうなるのか」を、理解していたのではなかったか。もちろん、日本列島は東アジアの中で地理的に孤立していたから、農業を本格的に知るのが遅れたということも考えられる。けれども、縄文人の中に優秀な海人が育ち、朝鮮半島や大陸との間を往き来していた。彼らは現地に行って「農業の本質」を理解し、だからこそ、「麻薬のように危険な農業」を恐れたのではなかったか。

岸田秀が考えたように、人類は本能を失った、壊れた存在だ。それを、縄文人は、農地を耕す人びとの暮らしを実際に見聞して、知り、震え上がったのではあるまいか。そして、歯を食いしばって、狩猟採集生活を守り続けたのではないかと思えてくるのである。

■日本列島人の伝統的な心情

なぜ縄文人は、長い間、狩猟採集生活を送ったのだろう。ヒントは、日本語にあるのかもしれない。日本語を話すようになると、左脳が発達するという話はすでにしてあるが、もう少し付け足しておきたい。

角田忠信は『日本語人の脳』（言叢社）の中で、日本人の母音の処理方式が異質で、この違いが、日本人の精神構造と文化の差を生み出していると指摘している。この「日本人（正確には、日本語人）は特別」という推理を発表したときは、世界中から批判があって、「愛国主義」と叩かれたようだ。しかし、根気強く自説を主張し続け、また、実験を通して説の正しさが証明され、先進国の学者にもようやく認めてもらうことができたという。

非日本人の場合、「言語、論理」を扱う左半球と、「情動、自然界の音、機械音」を扱う右半球に分かれる。つまり、左脳はもっぱら言語に能力を集中しているわけだ。ところが日本人は、左半球に「言語、論理、感情音、自然界の音、邦楽器の音」が優位で、右半球優位の音は「西洋楽器音、機械音」に限られるのだという。虫の音《ね》も、日本人は情緒《じょうちょ》あるものとして捉える。その理由が、ここにある（信じられないことだが、非日本人は、虫の声を機械と同じように捉えていることになる）。

日本人と非日本人の差は日本語の話言葉で作られた無意識で働く自然認知の枠組みの違いによるもので、これが現在でも日本人の心情の基礎になってい

る（前掲書）

その上で角田忠信は日本人の伝統的な心情の特徴として、（1）情緒性、（2）自然性、（3）非論理性の三つを挙げ、この違いは、日本語を話す民族だからと、指摘している。

また、林秀彦との対談の中で、林が以下の発言をする。白人の文明の基底があって、根本的には嫉妬《しっと》から発した文明であること（鋭いと思う）、富への欲望を思考せざるをえず抑制できなくなってしまっていること、彼らは非寛容であり、反対者を言語を武器にして駆逐《くちく》していると語り、かたや日本人は、言語を武器にすることはないという。この差を、認識すべきだという。

これを受けて角田は、次のように述べている。

その脳の差異は人種とかDNAレベルのことではありません。あくまでも日本語という言語によるんです。（中略）日本語の「音」の中に秘密がある（前掲書）

その不思議な「音」の力を持つ「日本語」の原型は、縄文時代中期ごろに、すでに完成していたのではないかと考えられている。

とすれば、日本列島人は縄文時代から地球上の他の人類とは、「考え方が違う」人種だったことになる。これは「先進国の学者も、認めざるをえない事実」なのである。

■揺り戻す日本の歴史

縄文人たちが、農耕を拒絶したのは、「原日本語の音」に秘密が隠されていたのかもしれない。

「日本語人」は、つねづね「昔にもどりたい」と願っていたのではないかと思える節《ふし》がある。特に、東日本の縄文的な習俗が色濃く残った地域に、その傾向がある。

稲作が北部九州から東に伝わっていったとき、奈良盆地の西南の隅の橿原遺跡

（橿原市）に、土偶が出現している。西からやってくる弥生文化を、呪術を用いてはね返そうとしていたようなのだ。だから、奈良盆地は縄文の最後の抵抗の地と指摘されてもいる。

奈良盆地は西側に生駒山、葛城山《かつらぎさん》がそびえ、瀬戸内海側からやってくる人びとや文化を追い返す地形になっている。また縄文時代には、陸路で東側とつながり、交流があったことが分かっている。奈良盆地は、地政学的にも、「西に突き出た東」なのである。

そのせいだろう、奈良県のお雑煮《ぞうに》の餅《もち》は、丸餅なのに焼いてから煮る。関西は丸餅をそのまま煮るのだが、奈良県は、東西の文化が融合した形になっている。

ヤマト建国も「揺り戻し」と捉えると、理解しやすい。

寺前直人は、この時代の状況を、おおよそ次のように説明している（『文明に抗した弥生の人びと』吉川弘文館）。

北部九州は、金属器を威信財にして、エリート層のネットワークを構築して他地域を圧倒した。かたや銅鐸文化圏では、銅鐸を集落が共有する祭器にして、強い首長の墓に副葬することも避け、その一方で、石器時代から愛用されていた伝統的な「石製短剣」を権力者ではなく、幅広い地域の構成員の墓に埋納《まいのう》していたようだ。

また、大阪湾沿岸地域を中心とする近畿南部社会（奈良盆地も含まれる）は、「文明の波」が押し寄せ金属器が広まった段階でも、石器を積極的に活用し、東日本の祖霊祭祀を軸にして、平準な社会を形づくり、古い社会秩序を守り続けた。

ところが、弥生時代中期後葉からあと、西側の「権力集約型の社会統合の痕跡」は、近畿地方南部を避けて広まっていった。海の外から青銅製武器がもたらされても、この地域では石製品、木製品で代用し、青銅製武器は非実用化され、銅鈴《どうれい》には古くから伝わる文様《もんよう》を付け足し、過去の価値体系を継承した。

紀元後一世紀、弥生時代後期に入ると、日本海沿岸の丹後地域を中心に、山陰、北陸地方に、鉄剣を軸にした階層的な墓制が出現する。これとよく似た厚葬《こうそう》墓《ぼ》が、中部地方や関東北部にも広がり、近畿南部だけが取り残されてしまったのだという。権力の空白が、日本列島のど真ん中に発生したのだ。

ではこのあと、近畿南部にヤマト政権が誕生したのはなぜなのか……。

近畿南部の奇妙な状況を、寺前直人は次のように説明する。すなわち、近畿南部は特異な物質文化によって「競争力の高い制度」や、「最新技術の運用」を拒む「文明に抗《あらが》うための社会的装置」を充実させていったのだという。その目的は、「石器の生産や流通といった伝統的なネットワークにつらなる関係者の既得権益を守るため」だというのだ。その上で、

近畿地方南部を中心とした列島中央部の人びとは、大陸・半島からもたらされた魅力的な文明的価値体系に抗することに成功した（前掲書）

といっている。

■スサノヲは情報と技術を持った海人の大王

この寺前直人の仮説に付け足しておくことがある。それは、近畿地方南部の動きを無駄にしないために、タニハ（丹波、丹後、但馬）は動いたのではないか

と、思える節があることだ。

丹後や但馬を中心に、タニハは富を蓄えたが、それは西側（北部九州や出雲）に対抗するためで、彼らは同じ銅鐸文化圏を守るために、奈良盆地に着目し、近江と東海、そして近畿地方の結束を促したのではないかと思えてならないのである。ヤマト建国は纒向遺跡と前方後円墳の出現に求められるが、きっかけを作ったのは、タニハの目論《もくろ》み通り、東海が奈良盆地に進出したことに求められる。

すでに触れたように、近江や東海は銅鐸文化圏で、同じ「強い王の発生を嫌う銅鐸文化圏」の奈良盆地に、「西をはね返す都」の建設を目論んだのだろう。これは、「進歩し、発展を続け膨張する北部九州」に対する、「揺り戻し運動」にほかならない。つまり、いくつもの地域がヤマトに集まり、弱い王を担ぎ上げ、統治システムは、埋葬文化を共有するというゆるやかな締め付けを活用したもので、さらには、海人のネットワークが、これを支えたのだろう。

もちろん、黎明期の混乱は起きていた。最初は瀬戸内海と日本海、次に、吉備と東海が、思惑の差をめぐって分裂し、最後は、海のネットワークを活かすために、海神の娘から生まれた神武が、ヤマトの王に立った。しかも、祭司王の役割を、しっかり務め上げたのである。

「ヤマト」という国が、文明に抗う人たちによって生み落とされたことは、驚きだ。世界を見渡しても、ほとんど例がないのではなかろうか。これは、世界史の快挙と言っても過言ではあるまい。ここに、中国文明と縄文文明の、決定的な差を見る思いがするのである。

中国文明に対し、「縄文文明」と呼ぶことも、間違いだったと気付かされる。日本列島人の築き上げた文化は、世界史が礼讃するような「文明」ではない。だが、われわれ自身が、誇りに思い、また、未来の人類が、参考にすべき「知恵」というべきではなかろうか。

そして、つねに後戻りしたがる日本人は、中国文明のみならず、世界の「文明」に、警告を発し続ける必要があるのだろう。「人間の理性によって生まれた正義」こそ、恐ろしいのだ。理性と正義は、平気で人殺しをする。

ちなみに、いまさらながらだが、「中国が世界の真ん中に位置する」という「中華」という言葉は、中国の外から貼ったレッテルだ。中国が自称していたのは、「華夏《かか》」である。天空の下の大地の真ん中に立ち、辺境の野蛮人（東夷、西《せい》

日本海有数の海人の拠点だった豊岡。港大橋から下流を望む（撮影：筆者）

戎《じゅう》、南蛮《なんばん》、北狄）とは異なり、秩序が保たれているという。しかし、「文明的」であることは、もはや誇りにはならないと思うのである。

さらに、余談ながら付け足すと、スサノヲこそ、タニハの指導者だったと思う。タニハには、日本海有数の海人の拠点（兵庫県豊岡《とよおか》市）があったし、タニハはヤマト建国の前後、西の出雲の圧力を受け、逆に出雲に向かって迫っていたことが、考古学的に分かっている。この様子は、神話のスサノヲの行動にそっくりだ。スサノヲは日本を代表する海人の王であろう。だからこそ、スサノヲは多くの情報と技術を持ち、「海人の王国」を築き上げ、ヤマト建国の陰の立て役者になったのだろう。

日本は、縄文の海人の国であり、その大王が、スサノヲである。

また、梅棹忠夫が述べたように、日本とヨーロッパは、大文明が出現した地域から見て辺境だったが、だからこそふたつの地域は、大動乱に巻き込まれることなく、しっかりした順番、段階を経て、ゆっくりと成長したのだと思う。

これは、偶然なのかもしれないが、両者に共通しているものは、他にもある。森を守ったことだ。ヨーロッパが、ローマ帝国の侵略を受け、キリスト教を強要されながら、地母神《マリア》を守ったように、どこかに「一神教に対する不信感」を宿し続け、森を守ったのだと思う。古い教会内部の骨組みが、森林を連想させるという指摘があるのは、まさに、ヨーロッパの人びとがどっぷり一神教に染まっていなかったからだろう。北欧で「ムーミンの物語（妖精が主人公）」が生まれたのも、このような歴史と、関わりがありそうだ。純粋な一神教には、「妖精」という発想はない。

■多神教を守り続けた稀有な国日本

世界中を見渡せば、多神教をいまだに守り続けている地域がほとんどないことに気付かされる。一神教を拒んだ日本は、稀な国なのだ。

帝国主義の時代、西欧列強の植民地にされた地域は広大な地域に及び、キリスト教の魔の手は、極東の日本列島にもたどり着いた。しかし、近代日本は、一度過《あやま》ちを犯している。

幕末にハリスの通訳として来日したオランダ人ヒュースケンは、西洋文明が日本よりもはるかに豊かな社会を築き上げ、強い軍事力を保持していることを評価していたが、その一方で、次のような複雑な感情を吐露《とろ》している。

いまや私がいとしさを覚えはじめている国よ。この進歩はほんとうにお前のための文明なのか？　この国の人々の質樸《しつぼく》な習俗とともに、その飾りけのなさを私は賛美する。この国土のゆたかさを見、いたるところに満ちている子供たちの愉《たの》しい笑声《わらいごえ》を聞き、そしてどこにも悲惨なものを見いだすことができなかった私には、おお、神よ、この幸福な情景がいまや終わりを迎えようとしており、西洋の人々が彼らの重大な悪徳をもちこもうとしているように思われてならない（『ヒュースケン日本日記』青木枝朗訳　岩波文庫）

ヒュースケンの予感は当たったのだ。近代日本は西洋の真似をし、一神教的な発想を手に入れて、帝国主義に走るのである。

日本にとっての不幸は、日清戦争から第一次世界大戦まで、戦争に負けなかったことだ。国民は熱狂し、マスメディアは「戦争のたびにもうかる」から、大衆を扇動する側にまわってしまった。そして、日本人は、しくじった。悪い右翼や戦争をしたかった死の商人や、手引きした政治家がいたというのは嘘だ。国民が熱狂し、みなで地獄に堕《お》ちたのだ。

敗戦後の日本は、その事実を覆い隠してしまった。敗戦の翌日から、マスメディアは、平和の尊さを喧伝し始めた。マスメディアも国民も被害者だったとうなずき合った。その、卑劣《ひれつ》な行為。歴史は一度、失われた。だからこそわれわれは、今ここで、歴史に向き合わねばならない。

すでに触れたように、敗戦後、文部省は日本の古い習慣と迷信を排除する活動を始めたが、これこそ、勘違いもはなはだしい。背伸びをして、知りもしない合理主義の真似事をして、日本人は失敗したのだ。日本がもどるべき場所は、近世まで続いてきた多神教的な世界だったはずだ。

幸いにも、現代日本人は、自覚のない信仰を抱き続け、神社に詣で、葬式は仏僧に委ね、年末はクリスマスを楽しむという、無節操な、多神教的世界の住民となっている。世界が滅亡の危機に向かい始めている今、日本人自身が、多神教世界の住民であること、文明に抗い、揺り戻しを何度も経験してきた民族だったことを、思い起こす必要があろう。

おそらく、人類は、歩みを止めないだろう。しかし、せめて、日本人だけは文明と進歩に恐れおののき、「人類は本能を失い迷走している」という自覚を、忘れてはならないと思うのである。

縄文時代からこのかた、日本人が多神教的信仰形態を守ることができたのは、島国だったからだ。海が防波堤となり、潮の満ち欠けを知り尽くしている海人が、よそ者の侵入を防いだのだ。だから、幸いなことに、一神教的な民族に侵略され蹂躙されることがなかった。その一方で、優秀な海人だった「日本語人」は、大陸の光景を、実際に見聞きして、進歩することの恐ろしさを知っていたのだろう。

しかしこれからは、そうはいかない。文明が発展し、武器が一瞬で空を飛び海を渡るようになって、文明（戦争も含め）は容赦なく日本に押し寄せてくるだろう。日本人は自身が多神教世界の住人であることを、強く自覚し、世界の人びとは毛色の違う「日本語人」であることを世界に向けてアピールし、多神教的な信仰を、守り抜く必要がある。そしてできれば、人類全体も、多神教的発想に立ち返る必要性を説くべきだろう（おそらく誰も耳を傾けないだろうが）。

本能を失ってしまった人類に、本当の答えはみつからないのかもしれない。しかしそれでも、何かしらの方向性をみいださねばならぬことは、間違いない。

もがくしかないのだ。そして日本人には、いや、「日本語人」には、その責務が与えられているように思えてならない。中国文明が暴走することを、くい止めたい。そして、世界中の人びとが、穏やかに暮らせることを、ただただ祈るのみである。

うらを見せ
おもてを見せて
散る紅葉

良寛

おわりに　「日本語人」の死生観

江戸時代後期の曹洞宗《そうとうしゅう》の僧・良寛《りょうかん》が貞心尼《ていしんに》に残した辞世の句がある。

うらを見せ　おもてを見せて　散る紅葉《もみじ》

これは、「日本語人」の、琴線《きんせん》に触れる名句だと思う。日本人の死生観と信仰の真髄を、端的に表している。穏やかな諦念が、根底に流れている。大自然、宇宙の中の小さな存在が、土にもどっていくとき、雑念のない「そのままの姿」で消えていく。日本的な感性が、見事に映し出されている。思想や哲学を超越した、「それさえ分かっていれば、人間は何も怖くない」という、原始の処世術ではないかとさえ思えてくるし、多くの人びとがこの生き方を忘れてしまったから、苦悩するのではないかと思える。

人間の智恵を過信してはいけない。たいがいの場合、声高《こわだか》に叫ばれる「正義」は、独善なのだ。

ただし、島国の日本語人の感性は、よその国の人びとには、なかなか理解されないだろう。

長い歴史の中で（あるいは有史以前から）日本列島人は朝鮮半島や中国をお手本にして知識を得てきたが、だからといって同一文化圏にはならなかった。むしろ両者は、水と油だ。

たとえば、「死生観」はどうだ。

秦の始皇帝は強力な中央集権国家を建設すると、方士《ほうし》・徐福《じょふく》を伝説の三神山《さんしんざん》（蓬萊《ほうらい》、方丈《ほうじょう》、瀛州《えいしゅう》）に遣わし、不老長寿の薬を求めた。これに対し日本の天皇は、物語の中で潔《いさぎよ》く「死」を選択している（『竹取物語』）。月の都に帰るかぐや姫から不死の薬をもらい受けるも、富士山の頂《いただき》で燃やしてしまったのだ。「かぐや姫のいないこの世で、なぜ不死になる必要があるだろう」という。

この両者の行動の中に、「信仰と思想」の大きな違いが、くっきりと表れている。

おそらく日本人は「命（魂）は巡り巡ってまた甦《よみがえ》る」と、思い続けてきたのだと思う。死んで肉体は朽ちるが、魂は生き続けるという発想だ。

電球が肉体とすれば、目に見えない「電気（魂、精霊）」が通って、はじめて電球は光り輝く。これが、「命」のカラクリだ。だから日本では、「お盆」が、根強い民間信仰として息づいてきた。死んだ者の魂が、短い間この世にもどってくるのだという。これは純粋な仏教行事ではない。近世以前の日本人にとって「死ぬこと」は、それほど恐ろしいことではなかったに違いない。

一方、古代中国だけではなく、現代医学も、不老不死を追い求めているように思えてならない。自身の遺骸を冷凍保存し、科学が進歩した未来に、蘇生《そせい》したいと願う人びとも存在する。しかし、人類が「不老不死」の手段を手に入れれば、その時点で人類が滅亡するという逆説的な事態が待ち受けている。人口増加で、資源や食料が涸渇し、戦争が勃発するだろう。不老不死は、罪深いことなのだ。科学が進歩して、人びとはようやく人間の愚かさに気付くという皮肉……。じつに嘆かわしい。ならば人類は、この先、どこに向かって歩いていけばよいのだろう。

本能を失った人類の欲望は、尽きることがないだろう。もはや、後戻りはできないと思う。しかし、このまま進んでよいはずがない。日本人の覚悟が問われていると思う。

世界に向けて「啓蒙活動」などというおこがましいことをしてはいけない。「われわれが正しい」と主張すれば、総スカンを食らうのが落ちだ。それよりも、ひたすら「奇跡的に生き残った多神教徒＝日本語人」が、絶滅しないように、踏みとどまるほかはあるまい（ちなみに、国を守る上で、性善説はもう通用しない。悲しいことだが）。

日本人が、多神教徒としての自覚を持ち、多神教徒でいることの幸せを、世界に向けて見せつけてやるのが一番だ。幕末、明治維新のころの日本人と子供たちは、闊達《かったつ》で、いつも笑い転げていたという。それを、キリスト教世界の「文明人」たちは、驚き、怪しんだのだ。それを、もう一度やってみようではないか。どのような試練が待ち構えていようとも、日本人は、くじけず、笑っていよう。それが、われわれに課せられた務めなのだから。世界を変えたいのなら、笑顔になろう。希望をつなごう。あきらめてはいけない。

なお、今回の執筆にあたり、ＰＨＰ研究所の永田貴之氏、堀井紀公子氏、三猿舎の安田清人氏、歴史作家の梅澤恵美子氏に御尽力いただきました。改めてお礼申し上げます。

合掌

参考文献

『古事記祝詞』日本古典文学大系（岩波書店）
『日本書紀』日本古典文学大系（岩波書店）
『風土記』日本古典文学大系（岩波書店）
『萬葉集』日本古典文学大系（岩波書店）
『続日本紀』新日本古典文学大系（岩波書店）
『新訂　魏志倭人伝・後漢書倭伝・宋書倭国伝・隋書倭国伝』石原道博編訳（岩波書店）
『新訂　旧唐書倭国日本伝・宋史日本伝・元史日本伝』石原道博編訳（岩波書店）
『三国史記倭人伝』佐伯有清編訳（岩波書店）
『先代舊事本紀』大野七三編著（新人物往来社）
『日本の神々』谷川健一編（白水社）
『神道大系　神社編』（神道大系編纂会）

『古語拾遺』斎部広成撰　西宮一民校注（岩波文庫）
『日本書紀　一　二　三』新編日本古典文学全集2〜4（小学館）
『古事記』新編日本古典文学全集1（小学館）
『世界の歴史2　中華文明の誕生』尾形勇・平勢隆郎（中央公論新社）
『古代中国の思想』戸川芳郎（岩波現代文庫）
『嘘だらけのヨーロッパ製世界史』岸田秀（新書館）
『美の考古学』松木武彦（新潮選書）
『中国文明の歴史1　中国文化の成立』水野清一責任編集（中公文庫）
『科学史からみた中国文明』藪内清（ＮＨＫブックス）
『おどろきの中国』橋爪大三郎・大澤真幸・宮台真司（講談社現代新書）
『縄文の思考』小林達雄（ちくま新書）
『ものぐさ精神分析』岸田秀（中公文庫）
『農業は人類の原罪である』コリン・タッジ著　竹内久美子訳（新潮社）
『黒人→白人→黄色人』高野信夫（三一書房）
『夏王朝』岡村秀典（講談社学術文庫）

『文明とは何か』東海大学文明研究所編（東海大学出版会）
『中国の歴史1　神話から歴史へ　神話時代　夏王朝』宮本一夫（講談社）
『中国の歴史2　都市国家から中華へ　殷周　春秋戦国』平勢隆郎（講談社）
『概説　中国史　上　古代—中世』冨谷至・森田憲司編（昭和堂）
『世界史リブレット95　中国王朝の起源を探る』竹内康浩（山川出版社）
『日本文明とは何か』山折哲雄（角川書店）
『殷《いん》』落合淳思（中公新書）
『倭国』岡田英弘（中公新書）
『周』佐藤信弥（中公新書）
『二十世紀を精神分析する』岸田秀（文藝春秋）
『森と緑の中国史』上田信（岩波書店）
『「岩宿」の発見　幻の旧石器を求めて』相沢忠洋（講談社文庫）
『旧石器時代人の知恵』安蒜政雄（新日本出版社）
『赤城山麓の三万年前のムラ　下触牛伏遺跡』小菅将夫（新泉社）
『遺伝人類学入門』太田博樹（ちくま新書）

『日本人になった祖先たち』篠田謙一（NHK出版）
『新日本人の起源　神話からDNA科学へ』崎谷満（勉誠出版）
『日本人の源流』斎藤成也（河出書房新社）
『砂の器　上・下』松本清張（新潮文庫）
『縄文文化を掘る』NHK三内丸山プロジェクト・岡田康博編（NHKライブラリー）
『縄文式階層化社会』渡辺仁（六一書房）
『縄紋から弥生への新歴史像』広瀬和雄編著（角川書店）
『古代史復元2　縄文人の生活と文化』鈴木公雄編（講談社）
『縄文人の世界』小林達雄（朝日選書）
『古代朝鮮と倭族』鳥越憲三郎（中公新書）
『海人たちの足跡』永留久恵（白水社）
『遥かなる海上の道』小田静夫（青春出版社）
『DNAでたどる日本人10万年の旅』崎谷満（昭和堂）
『魏志倭人伝の考古学』佐原真（岩波現代文庫）

『タウト全集第一巻　桂離宮』ブルーノ・タウト著　篠田英雄訳（育生社弘道閣）
『森と文明』ジョン・パーリン著　安田喜憲・鶴見精二訳（晶文社）
『文明の生態史観』梅棹忠夫（中公文庫）
『日本人の脳　脳の働きと東西の文化』角田忠信（大修館書店）
『日本語人の脳』角田忠信（言叢社）
『日本民族の起源』金関丈夫（法政大学出版局）
『弥生文化の成立』金関恕＋大阪府立弥生文化博物館編（角川選書）
『縄文社会と弥生社会』設楽博己（敬文舎）
『ギルガメシュ』梅原猛（新潮社）
『歴博フォーラム　弥生時代はどう変わるか』小林青樹他著　広瀬和雄編（学生社）
『文明に抗した弥生の人びと』寺前直人（吉川弘文館）
『講座　文明と環境　第9巻　森と文明』安田喜憲・菅原聰編集（朝倉書店）
『環境から解く古代中国』原宗子（大修館書店）
『森から生まれた日本の文明』黄文雄（ＷＡＣ）

『日本人の深層意識』林知己夫・米沢弘（NHKブックス）
『日本の俗信1　迷信の実態』（文部省迷信調査協議会編　技報堂）
『一神教の誕生』加藤隆（講談社現代新書）
『ベルツの日記　上』トク・ベルツ編　菅沼竜太郎訳（岩波文庫）
『ヒュースケン日本日記』青木枝朗訳（岩波文庫）
『出羽三山と日本人の精神文化』松田義幸編（ぺりかん社）
『世界宗教史　Ⅳ』ミルチア・エリアーデ著　奥山倫明・木塚隆志・深沢英隆訳（筑摩書房）
『方法序説』ルネ・デカルト著　山田弘明訳（ちくま学芸文庫）
『ビジュアル世界史1000人　上巻』宮崎正勝監修（世界文化社）
『旧約聖書Ⅶ　イザヤ書』関根清三・旧約聖書翻訳委員会訳（岩波書店）
『外国新聞に見る日本　2』国際ニュース事典出版委員会・毎日コミュニケーションズ編（毎日コミュニケーションズ）
『世界の名著12　聖書』前田護郎訳（中央公論社）

本書は、二〇二〇年三月にＰＨＰ新書として刊行
されたものに加筆・修正したものである。

著者紹介
関 裕二（せき　ゆうじ）
1959年、千葉県柏市生まれ。歴史作家。武蔵野学院大学日本総合研究所スペシャルアカデミックフェロー。仏教美術に魅せられて足繁く奈良に通い、日本古代史を研究。文献史学・考古学・民俗学など、学問の枠にとらわれない広い視野から日本古代史、そして日本史全般にわたる研究・執筆活動に取り組む。近著に、『「縄文」の新常識を知れば日本の謎が解ける』（ＰＨＰ文庫）、『海洋の日本古代史』『女系で読み解く天皇の古代史』『日本、中国、朝鮮　古代史の謎を解く』『消された王権　尾張氏の正体』（以上、ＰＨＰ新書）など多数。

ＰＨＰ文庫　縄文文明と中国文明

2024年９月24日　第１版第１刷

著　者　関　裕二
発行者　永田貴之
発行所　株式会社ＰＨＰ研究所
東京本部　〒135-8137　江東区豊洲5-6-52
ビジネス・教養出版部　☎03-3520-9617（編集）
普及部　☎03-3520-9630（販売）
京都本部　〒601-8411　京都市南区西九条北ノ内町11

PHP INTERFACE　https://www.php.co.jp/

制作協力
組　版　株式会社PHPエディターズ・グループ
印刷所
製本所　TOPPANクロレ株式会社

ISBN978-4-569-90434-4

PHP文庫

『古事記』に隠された「壬申の乱」の真相

関 裕二 著

なぜ天武天皇は同時期に『古事記』と『日本書紀』2つの史書を編纂したのか。正史がひた隠しにする当時の外交、政治状況の謎に迫る。